# 내 주변의 싸이코들

Translated from the English Language edition of *Understanding Personality Disorders/ An Introduction*, by Duane L. Dobbert, originally published by Praeger, an imprint of ABC-CLIO, LLC, Santa Barbara, CA, USA.

Copyright © 2007 by Duane L. Dobbert.

Translated into and published in the Korean language by arrangement with ABC-CLIO, LLC. All rights reserved.

No part of this book may be reproduced or transmitted in any form or any means electronic or mechanical including photocopying, reprinting, or on any information storage or retrieval system, without permission in writing from ABC-CLIO, LLC.

이 책의 한국어판 저작권은 PubHub 에이전시를 통한 저작권자와 독점 계약으로
도서출판 황소걸음에 있습니다.
저작권법에 의해 한국 내에서 보호를 받는 저작물이므로 무단 전재와 무단 복제를 금합니다.

# 내 주변의 싸이코들

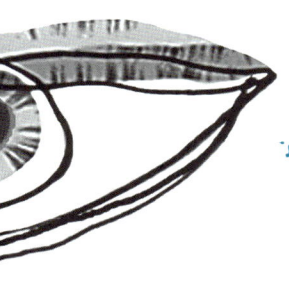 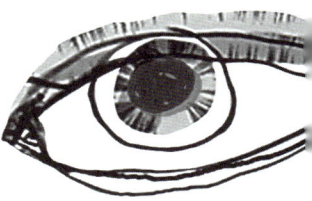

Understanding Personality Disorders

• 시나리오로 쉽게 이해하는 성격장애 •

두에인 L. 도버트 | 이윤혜 옮김

황소걸음
Slow & Steady

나의 친구이자 동료 조이스 일레인 도버트(Joyce Elaine Dobbert)가 헌신적으로 도와주지 않았다면 이 책은 나올 수 없었다. 내 의견이 치우칠 때 조이스가 꼼꼼히 조언했고, 덕분에 나는 개인적인 경험과 적당한 거리를 유지하며 글을 쓸 수 있었다. 덧붙이자면 조이스는 성격장애로 고통 받는 사람들의 옹호자다. 사실 성격장애의 부정적인 특징을 말하기는 쉽지만, 성격장애가 다른 사람들 때문에 발현됐음을 깨닫기는 어렵다. 성격장애가 있는 사람은 다른 사람을 괴롭히기 전에 피해를 당한 사람이다.

프롤로그

성격 때문에
고통 받는
모든 이를 위하여

성격장애로 고통 받는 모든 사람에게 이 책을 바친다. 그들 중 대다수는 자신에게 성격장애가 있음을 알지 못한다. 성격장애가 있는 사람의 친척과 친구들, 성격장애가 있는 사람을 아는 사람들, 성격장애가 있는 사람에게 피해를 당한 사람들에게도 이 책을 바친다. 사실 성격장애가 있는 사람, 그들의 친척과 친구, 그들을 아는 사람, 그들에게 피해를 당한 사람은 수백만 명에 달한다. 《정신질환 진단 및 통계 편람(Diagnostic and Statistical Manual of Mental Disorders)》(미국 정신의학협회에서 펴내는 책으로, 정신 질환 진단에 가장 널리 사용된다. 1952년 처음 출판된 뒤 1968년에 2판, 1980년에 3판, 1987년에 3판 개정판, 1994년에 4판, 2000년에 4판 텍스트 개정판, 2013년 5판

등으로 여섯 차례 개정됐다. 성격장애 부분은 4판 텍스트 개정판과 동일하다.—옮긴이)은 10가지 특정 성격장애를 규정한다. 10가지 성격장애(미국정신의학협회는 행동장애를 성격장애로 규정하지 않았다. 하지만 반사회성 성격장애 진단을 내리기 위해 행동장애 진단을 받아야 하기 때문에 지은이는 이 책에 행동장애를 개별적인 항목으로 포함했다.—옮긴이)는 진단 기준과 징후가 각각 다르다. 하지만 모든 성격장애에 공통되는 사항이 있다. 첫째, 성격장애는 정신병이 아니다. 둘째, 성격장애가 있는 사람이 의도하지 않아도 피해자가 생긴다.

성격장애를 공부하지 않는 이상 사람들은 성격장애라는 것이 있다는 사실을 알지 못한다. 그 결과 다른 사람에게 성격장애의 특징이 나타나도 식별할 수 없다. 친척이나 친구들은 성격장애가 있는 사람을 이해하지 못하고, 그 사람 때문에 피해를 당하리라는 사실도 깨닫지 못한다. 사람들은 특이한 행동을 하는 사람을 보면 대부분 그들을 피하는 것으로 위험할지도 모르는 상황에서 벗어나려 한다. 평범한 사람들은 돈을 달라고 구걸하는 집 없는 사람이나 "종말이 온다!"고 외치는 자칭 선지자와 마주치지 않기 위해 도시의 거리를 가로지른다. 평범함에서 벗어난 행동을 어떤 사람은 위협으로 받아들이고, 다른 사람은 짜증스럽게 받아들인다. 평범하지 않은 행동은 눈에 띄고, 보통 사람들은 그런 행동을 하는 사람을 피한다.

  평범한 사람들은 공격적이거나 다른 사람에게 해가 되는 행동을 하는 사람도 피한다. 위험한 사람과 장소에 대한 사람들의 인식은 상대적이다. 즉 위험에 대한 정의는 개인의 기준에 따라 다르다. 예컨대 도심지에서 성장한 사람은 단일 인종으로 구성된 지역공동체에서 성장한 사람보다 공격적인 이웃과 시민에게 훨씬 관대하다. 반대로 도시 거주자들은 후미진 데 위치한 가게와 그곳에 드나드는 손님들을 경계한다. 보통 사람들은 낯설고 특이하고 잠재적으로 위험하게 느껴지는 사람과 장소를 피한다.

  거리를 활보하는 무리에는 성격장애가 있는 사람들이 섞여 있다. 성격장애가 있는 사람은 특이하게 보이지 않으며, 공공장소에서 그들의 행동은 용인되고 받아들일 만한 범위에 머무른다. 하지만 그들은 위험할 수 있다. 성격장애가 있는 사람들은 언제나 피해자를 만든다. 피해자는 신체적·정신적·감정적 손실을 본다. 피해자는 자존감이 낮아지고, 불필요한 죄책감에 시달리며, 외상후스트레스장애(트라우마)를 경험한다.

성격장애가 있는 사람의 필요를 충족하려면 자연히 이런 피해자가 생긴다. 성격장애가 있는 사람들의 행동에는 목적과 의도가 있다. 피해자가 겪는 괴로움과 고통은 애초에 예정된 결과다. 피해자가 괴롭고 고통스러워야 그들의 필요가 채워진다. 성격장애가 있는 사람들은 자신의 행동에서 아무런 잘못도 별견하지 못하기 때문에 피해자가 곤란을 겪고 괴로워해도 그들의 감정을 염두에 두지 않는다.

성격장애가 있는 사람은 자기중심적이라 자기 때문에 다른 사람이 괴로워하거나 고통스러워해도 죄책감에 시달리지 않는다. 성격장애가 있는 사람은 자기중심적인 세상에서 산다. 다시 말해 그들은 다른 사람에게 관심이 없다.

덧붙여 성격장애가 있는 사람은 행위에 따른 결과로 자신이 겪는 괴로움이 즐거움을 능가하지 않는 이상, 행동을 바꾸지 않을 것이다. 그들은 자신만 신경 쓸 뿐, 자기 때문에 피해를 당한 사람은 괘념치 않는다.

실상을 살펴보면 모든 평범한 사람들은 과거에 성격장애가 있는 사람과 연관된 채 살았고, 현재도 그렇게 살고 있다. 평범한 사람들은 성격장애가 있는 사람을 알고, 그들 때문에 피해를 당하면서도 그 사실을 모른다. 또 성격장애가 있는 사람과 관련해 앞으로 무슨 일이 벌어질지 예상하지 못한다.

이 책은 판도라의 상자가 될 것이다. 이 책은 각 성격장애를 의학 용어가 아닌 언어로 설명한다. 즉 시나리오를 통해 성격장애의 특징과 행동을 '쉽고 제대로 이해할 수 있도록' 돕는다. 시나리오를 통해 배우자와 중요한 타인, 자녀와 부모님, 친한 친구, 부하 직원이나 직장 상사와 관련된 성격장애를 살펴볼 것이다. 이 책을 쓴 의도는 피해자가 될지도 모르는 사람들이 성격장애의 특징을 식별하고 이해하는 방어기제를 갖추도록 하기 위함이다. 더 나아가 필요하다면 성격장애가 있는 사람이 치료를 받도록 하거나, 그의 감정을 상하게 하지 않으면서 자신의 안전을 확보하도록 돕기 위함이다. 이 책의 독자는 경각심을 가지고 성격장애가 있는 사람의 행동을 피하거나 제한하는 방법을 배울 것이다.

나는 광고의 진실(truth in advertising : 보이는 것과 사실이 같지 않음을 뜻함—옮긴이)을 폭로하려 한다. 이 책을 통해 당신은 정도는 다르지만 성격장애가 있는 사람이 주변에 있음을 알 것이다. 그 사람은 당신의 배우자나 자녀 혹은 직장 상사나 동료일 수도 있다. 아니면 앞으로 그런 사람을 만날 수도 있다. 이 책을 읽는 당신은 적어도 문제가 자신에게 있지 않고, 자신은 피해자임을 깨달을 것이다.

## 차례

프롤로그  성격 때문에 고통 받는 모든 이를 위하여  6

## 성격장애란 무엇인가?  15

### TYPE A  별나거나 이상한 성격

**01 편집성 성격장애**
다른 사람을 끝없이 불신하고 의심한다  29

**02 분열성 성격장애**
감정을 표현하지 않는 외톨이  44

**03 분열형 성격장애**
왜곡된 인식과 비정상적 행동으로 다른 사람을 불편하게 한다  56

### TYPE B  감정적이거나 변덕스러운 성격

**04 행동장애**
타인의 권리나 사회적 규범을 계속 침해한다  75

**05 반사회성 성격장애**
타인의 권리를 과도하게 무시하고 침해한다  110

**06 경계성 성격장애**
대인 관계가 불안정하고 정서가 매우 충동적이다   138

**07 히스테리성(연극성) 성격장애**
지나치게 감정적이고 시선을 끄는 행동을 한다   157

**08 자기애성 성격장애**
잘난 체하고 칭찬받기를 원하며, 공감 능력이 부족하다   180

TYPE  걱정하거나 두려워하는 성격

**09 회피성 성격장애**
억눌려 있고 자신이 부족하다고 느끼며, 부정적 평가에
민감하다   215

**10 의존성 성격장애**
스스로 판단하려 하지 않고 타인에게 지나치게 순응한다   233

**11 강박성 성격장애**
지나치게 엄격하고 인색하며, 쓸모없는 물건을 버리지
못한다   249

에필로그   성격장애, 알면 통제할 수 있다   264
부록   성격장애를 연구한 대표적인 심리학자들   267

성격장애란 무엇인가?

《정신질환 진단 및 통계 편람》 5판은 10가지 장애를 성격장애라는 카테고리로 분류해 논의한다. 10가지 장애는 각각 특징과 정도가 매우 다르지만, 공통적으로 적용되는 진단 기준도 있다. '성격장애는 개인이 속한 문화가 기대하는 바에서 현저히 어긋나는 감정적 동요와 행동을 지속하는 경향이다. 이런 감정적 동요와 행동은 개인의 행위에 배어 있고 변하지 않는다. 이와 같은 감정적 동요와 행동은 사춘기나 성인기 초반에 시작되고, 시간이 지남에 따라 개인의 특질로 굳어져 자신과 타인에게 괴로움과 손상을 준다.'

미국정신의학협회는 성격장애의 공통된 진단 기준을 다음과 같이 구체적으로 설명한다.

### 성격장애의 공통된 진단 기준

**A** 개인이 속한 문화적 기대에서 현저히 어긋나는 감정적 동요와 행동을 지속적으로 보인다. 이런 경향은 다음 영역 가운데 2가지(혹은 그 이상)로 나타난다.

### 인지

성격장애가 있는 사람은 자신과 타인, 사건을 인식하고 해석하는 방식이 일반적인 사람들과 다르다. 그는 자신을 다른 사람과 다르게 여기며, 주변 사람들과 사건도 자기만의 시각으로 본다. 다시 말해 성격장애가 있는 사람은 적절하지 않고 다른 사람들이 인정하지도 않는 시각을 보인다. 그는 자아 동조적(ego-syntonic)인 사람이다.

웹스터 사전은 자아 동조적이라는 단어를 '사람의 근본적인 신념으로 받아들여지고, 그 신념과 일치한다고 여겨지는 행동이나 태도의 혹은 그와 관련된'이라고 정의한다. 이는 의미를 파악하고 이해하기 쉽지 않은 개념이다. 성격장애가 없는 사람은 대부분 자신과 주변의 세상을 적합하고 실제적으로 인지한다.

성격장애가 없는 사람은 자신에 대한 인식에 변화를 보인다. 이런 인식의 변화는 그가 마주하는 사건이나 다른 사람들과 관계에서 영향을 받는다. 현실적이고 건강한 자존감이 있는 개인도 거절과 실패 때문에 좌절하고 자존감이 낮아질 수 있다. 하지만 이후의 사건과 다른 사람들이 보내주는 긍정적인 지원을 통해 본래의 자존감을 회복하고, 특정 사건에 적합하지 않은 자신의 감정과 행동을 분별하고 인정하며, 스스로 감정과 행동을 적절히 조절한다.

대조적으로 성격장애가 있는 사람은 자신을 과장된 언어로 표현하거나 자존감이 매우 낮은데, 2가지 모두 자신에 대한 바른 인식이 아니다. 자신에 대한 왜곡된 인식은 사건 인식과 그에 따른 반응 행동에도 영향을 미친다.

성격장애가 있는 사람의 잘못된 인식은 사춘기에 드러나

고 성인기 초반에 굳어진다. 이는 만성적으로 장기간 지속된다. 다시 말해 사춘기 혹은 성인기 초반에 드러난 성향은 바뀌지 않으며, 성격장애로 굳어진다고 봐야 한다. 그는 계속 왜곡된 인식으로 사건과 사람을 대할 것이다. 비뚤어진 관점으로 모든 것을 판단한다는 의미다. 그에게는 다른 시선으로 세상을 판단할 능력도, 다른 관점으로 사건을 살필 능력도 없다. 그는 철저히 자기 본위로 생각한다.

성격장애가 있는 사람은 다른 사람들이 우호적으로 판단하는 사건도 다르게 보며, 잘못된 인식의 틀에서 비롯된 반응 행동을 선택한다. 동일한 사건을 접한 다른 사람들은 성격장애가 있는 사람의 반응이 부적합하다고 판단한다. 그리고 사람들은 성격장애가 있는 사람의 행동을 두려워하며, 그가 그토록 부적합한 방식으로 행동했다는 사실을 믿지 못한다. 사람들은 성격장애가 있는 사람을 피하고, 그의 행동을 고쳐보려는 시도를 포기한다.

성격장애가 있는 사람은 이 상황을 이해하기 힘들다. 그의 시각에서는 어떤 사건에 대한 자신의 인식과 이어지는 반응 행동이 적합하다. 그는 자신의 인식과 행동을 확신하기에 다른 사람들이 자신의 생각이 틀렸고 행동이 부적합하다고 지적하는 이유를 이해하지 못한다. 성격장애가 있는 사람은 왜곡된 시각에 따라 행동한다. 사실 성격장애가 있는 사람은 다른 방식으로 행동할 능력이 없다. 다르게 행동하는 것은 그들의 성향에 일치하거나 조화되지 않는다. 행동을 조절하려면 인식을 바꿔야 하는데, 성격장애는 불변하고 장기간 지속돼 인식이 바뀔 수 없다. 결국 성격장애가 있는 사람은 사람들의 반대와 자신이 원치 않는 결과에 맞닥뜨리더라도 왜곡된 시각에 따른 부적합한 행동을 계속한다.

### 감정 상태

성격장애가 있는 사람은 사건에 대한 감정적 반응의 수위도 조절하지 못한다. 그는 과소하거나 과도하게 반응한다. 사건에 따라 감정적으로 반응하는 정도와 강도가 다르지만, 감정이 조절되지 않는데다 사건과 사람에 대한 왜곡된 인식이 결부되면 그는 상대방을 당황하고 짜증스럽게 만드는 반응 행동을 한다.

사람들은 호의적인 상황에도 지나치게 공격적인 반응을 보이는 그를 경계한다. 상황을 제대로 인식한 사람들은 성격장애가 있는 사람의 히스테리에 당황한다. 본인과 타인, 사건에 대한 왜곡된 인식과 부적합한 감정 상태는 특정 성격장애를 판단하고 진단을 내리는 단서가 된다. 이 책에서는 각각의 성격장애를 구체적으로 살피고 설명할 것이다. 이는 성격장애가 있는 사람의 왜곡된 인식과 감정 상태를 이해하는 데 도움이 될 것이다.

**대인 관계**

성격장애의 특징은 대인 관계에도 영향을 미친다. 성격장애가 없는 사람은 사건과 사람을 왜곡된 시선으로 보지 않기에 성격장애가 있는 사람과 관점이 다르다. 이런 인식 차이로 성격장애가 없는 사람은 성격장애가 있는 사람을 이해하기 어렵고, 그 때문에 고통을 받기도 한다. 성격장애가 없는 사람은 사건과 사람을 성격장애가 있는 사람의 비뚤어진 시각으로 볼 수 없으니 당황하고 혼란스러운 것이다. 이 경우 성격장애가 없는 사람은 먼저 다른 사람이나 사건에 대한 본인의 인식이 잘못된 것이 아닌지 살핀다. 잘못된 점을 찾지 못하면 성격장애가 있는 사람의 생각에 의문을 제기한다. 그 결과 두 사람 사이에 갈등이 생기고 관계는 깨진다.

대인 관계가 깨지는 일로 성격장애가 있는 사람이 괴로워할 수도 있고, 그렇지 않을 수도 있다. 괴로워하는 것은 그에게 어떤 성격장애가 있는지에 따라 다르다. 그가 괴로워한다면 감정을 주체하지 못하고, 그런 감정은 이어지는 반응 행동에도 영향을 미친다. 어떤 성격장애가 있느냐에 따라 대인 관계에서 역기능이 한 극단에서는 적대적이고 난폭한 공격 행동으로, 다른 극단에서는 자학적인 행동으로 나타난다.

**충동 조절**

감정적 반응을 조절하지 못하는 무력함, 번번이 깨지는 대인 관계가 왜곡된 인식과 결부되면 성격장애가 있는 사람은 더욱 충동을 조절하지 못한다. 성격장애가 있는 사람은 한 발자국 벗어나 객관적으로 상황을 살피지 못하고 충동적으로 반응한다. 성격장애가 있는 사람이 보이는 충동적이고 제멋대로인 반응은 다른 사람과 관계를 더욱 나빠지게 하고, 이런 악순환은 이어진다.

**B** 개인이 속한 문화적 기대에서 현저히 어긋나는 감정적 동요와 행동을 지속적으로 하는 경향은 개인적이고 사회적인 상황 전반에 걸쳐 지배적으로 드러나고 변하지 않는다.

경직성은 성격장애의 특징이다. 성격장애가 있는 사람은 유연하지 못하다. 특히 변화에 반응하지 못하고, 사건과 사람을 대하는 자신의 인식이 잘못됐을 가능성을 생각하지 못하며, 자신의 인식을 더욱더 고수하려 한다. 어떤 성격장애인지, 성품이 어떤지, 사건을 어떻게 인지하는지가 경직성의 정도를 결정한다. 그의 인식에 적극적으로 반대하거나 의문을 제기하는 사람들이 없다면 그의 생각은 굳어지고, 자신의 태도를 강경히 고수한다. 반대가 계속되고 예상한 대응이 있을 때 그는 행동 전략을 바꾸려 든다. 자신의 인식은 유지한 채 자신과 관계하는 상대방을 바꾸는 방법을 택할 수도 있다. 어떻게든 상황을 피한 다음, 이어지는 사건에서 자신의 관점을 지지하고 반대 의견은 무마할 구실을 찾아낸다.

어떤 사건을 통해 인식이 왜곡된 사실이 드러나는데도 그는 오히려 자신에게 틀렸다고 말하는 상대방을 비난한다. 성격장애가 있는 사람은 어떤 사건에 대한 자기 인식을 수정하지 않는다. 그렇게 할 수 없기 때문이다. 왜곡된 인식을 바꾸는 것은 성격장애의 특징과 모순된다. 성격장애의 특징은 경직성이다. 어떤 사람이 특정 사건에 대한 왜곡된 인식을 진심으로 바꾸기 원한다면 그는 성격장애가 아니다. 왜곡된 인식을 고치지 못하는 것이 성격장애의 특징이다. 성격장애는 수정이 아니라 회피를 통해 계속된다. 반응 행동을 수정할 수도 있지만, 이는 상황을 회피하고 왜곡된 인식을 유지하려는 조작 기제일 뿐이다.

개인이 속한 문화적 기대에서 현저히 어긋나는 감정적 동요와 행동은 삶의 특정 영역에 제한되지 않고 성격장애가 있는 사람의 모든 생활에서 드러난다. 성격장애가 개인의 인격적인 특징을 규정한다는 것을 인식하면 이를 분명히 이해할 수 있다. 성격장애가 있는 사람의 인식은 이런저런 상황에서 늘 왜곡된다. 그의 왜곡된 인식은 경험하는 모든 것에 전체적으로 영향을 미친다.

**C** 개인이 속한 문화적 기대에서 현저히 어긋나는 감정적 동요와 행동을 지속적으로 하는 경향은 사회적으로, 직업적으로 혹은 다른 중요한 영역에서도 임상적으로 의미 있는 괴로움과 손상을 준다.

  앞서 이야기했듯이 성격장애는 대인 관계에 의미 있는 곤란을 초래한다. 즉 개인의 어떤 특징이 삶에서 중요한 영역에 괴로움과 장애를 초래해야 성격장애 진단을 내릴 수 있다. 성격장애의 특징은 개인에게 깊이 배어 있다. 왜곡된 인식과 통제되지 않는 감정은 삶의 모든 영역에서 드러난다. 상황에 따라 행동이 다를 수 있지만, 기본적으로 그의 행동은 언제나 왜곡된 인식을 바탕으로 한다.

**D** 개인이 속한 문화적 기대에서 현저히 어긋나는 감정적 동요와 행동을 지속적으로 하는 경향은 굳어지고 장기간 계속된다. 이런 감정적 동요와 행동은 사춘기나 성인기 초반에 시작된다.

  성격장애 진단을 내리기 위해서는 문화적 기대에서 현저히 어긋나는 감정적 동요와 행동이 만성적으로 나타나야 한다. 문제가 되는 행동은 사춘기 혹은 성인기 초반에 시작된다. 이 기준에 따라 특정 성격장애의 특징적 행동을 일시적으로 보인다면 성격장애라고 말할 수 없다. 사람들은 다양한 상황에 따라 일시적으로 문제가 되는 행동을 할 수 있기 때문이다.

사랑하는 사람의 죽음, 주거 환경의 변화, 고용 상황의 변동, 이혼, 빈둥지증후군(중년에 이른 가정주부가 자신의 정체성에 회의를 품는 심리적 현상. 마치 텅 빈 둥지를 지키는 것 같은 허전함으로 정신적 위기에 빠지는 일을 말한다.—옮긴이) 등으로 감정과 인식, 대인 관계, 충동 조절 능력이 불안정해질 수 있다. 이런 변화는 일시적이고 급격하다. 또 시간이 흐르고, 상황이 바뀌거나, 필요한 경우 상담과 같은 치료를 통해 해결된다. 대조적으로 성격장애가 있는 사람은 이런 행동을 지속적으로 한다. 성격장애가 있는 사람의 특징적 행동은 바뀌지 않는다. 생각과 행동에서 보이는 특징은 그 사람에게 깊이 배어 있고, 시간이 지날수록 오히려 확대된다.

성격장애 진단을 내리기 위해서는 생각과 행동의 불안정성이 최소한 사춘기 혹은 성인기 초반에 드러나야 한다. 그와 같은 동요가 더 늦은 시기에 행위로 나타나면 다른 원인 때문일 가능성이 크다.

**E** 개인이 속한 문화적 기대에서 현저히 어긋나는 감정적 동요와 행동을 지속적으로 하는 경향을 다른 정신장애의 증상이나 결과로 생각하지 않는 편이 현명하다.

성격장애의 특징적 행동을 성격장애가 있는 사람만 하는 것은 아니다. 많은 부분은 다른 정신장애의 증상이기도 하다. 따라서 성격장애를 진단하기 전에 유사한 증상을 보이는 다른 정신장애가 아닌지 살펴야 한다. 다른 정신장애로 인지, 감정 상태, 대인 관계, 충동 조절의 문제가 더욱 잘 설명된다면 성격장애 진단이 적합하지 않다.

**F** 개인이 속한 문화적 기대에서 현저히 어긋나는 감정적 동요와 행동을 지속적으로 하는 경향은 마약이나 처방 약의 남용 등 물질 혹은 머리 외상과 같은 일반적인 건강상의 문제에서 직접적으로 생리적 영향을 받지 않는다.

감정적 동요와 행동이 마약이나 처방 약, 뇌와 관련한 부상이나 질병 때문이라면 성격장애로 볼 수 없다. 인지, 감정 상태, 대인 관계, 충동 조절의 변화는 불법적인 약물이나 술 때문에 나빠질 수 있다. 질병 치료를 목적으로 처방받은 약도 성격장애의 특징적 행동을 유발할 수 있다.

건강상의 문제로 성격장애의 특징적 행동을 할 수도 있다. 눈에 띄게 불안정한 감정 상태와 행동이 개인의 성격적 특징이 아니라 일반적인 건강 상태에 따른 결과라면 성격장애가 아니다. 예를 들어 뇌종양, 치매 등은 개인이 불안정한 행동을 보이게 만들기 쉽다.

T
Y
P
E

별나거나 이상한 성격

A

TYPE

# 01 편집성 성격장애
Paranoid Personality Disorder

# 다른 사람을
# 끝없이 불신하고 의심한다

**시나리오**

오후 4시 30분, 도나는 가까운 친구이자 동료 밀리가 상사와 이야기하는 모습을 봤다. 도나는 밀리 역시 아니라고 생각했다. 도나는 지난주에 밀리를 믿고 다른 동료들에게 화낸 일로 상사가 자신을 질책한 사실을 털어놓았다. 도나가 화낸 이유는 점심을 먹기 위해 자리를 비운 동안 동료들이 도나의 책상에 있는 서류를 뒤졌기 때문이다. 도나는 동료들이 업무에 관한 자신의 신용을 떨어뜨려서 해고당하게 만들려 한다고 믿었다. 도나는 이 문제를 상사에게 이야기했지만, 상사는 '쓸데없는 소리'라고 일축했다. 도나는 상사의 태도에 몹시 화가 났다. 그때부터 도나는 상사의 존재를 무시했다. 이 문제를 스스로 해결해야 했다. 도나는 자기 서류를 다른 사람이 건드렸다는 낌새가 느껴지면 옆자리 동료를 의심했다. 도나는 모든 사람에게 들릴 정도로 화를 냈다. 의심을 받은 동료가 무슨 말을 하는지 모르고 관계도 없다며 항변해도 소용없었다. 상사가 사무실로 불러 질책하기까지 도나는 그 동료를 비난하고 또 비난했다. 그런 행동은 도나를 벼랑 끝으로 내몰았다.

도나는 자신이 휴게실의 이야깃거리라는 사실과 모두 자신을 힐끔거리며 속닥거리는 것을 알았다. 이런 상황이 일주일쯤 지속됐다. 도나는 분노했고, 이는 업무 성과에도 영향을 미쳤다. 도나는 남편과 상의해볼까 생각했지만, 요즘 남편의 행동이 마음에 들지 않았다. 남편은 마치 도나가 그 자리에 없는 것처럼 행동했다. 어쩌다 도나와 함께 식사할 때는 못마땅한 듯 굴었고, 거의 매일 저녁 시간을 회사에서 보내거나 동네 어귀 술집에서 친구들과 어울렸다. 동료들이 음모를 꾸민다는 고민을 말해봤자 마이동풍일 것이다. 도나는 하나밖에 없는 친구이자 동료 밀리에게 고민을 털어놓기로 결심했다. 도나는 밀리와 점심을 먹으며 음모에 관한 모든 이야기를 했다. 밀리는 도나를 가라앉히려고 노력했지만, 도나의 생각은 바뀌지 않았다. 도나는 동료들이 자신을 회사에서 내쫓으려 한다고 확신했다.

업무를 마칠 시간이 되자, 도나는 밀리에게 가서 상사와 무슨 이야기를 했느냐고 다그쳤다. 도나는 밀리가 대답하

기도 전에 배신자라고 소리 지르며 다시는 밀리와 이야기하지 않겠다고 선언했다. 도나는 자신의 비밀을 누설했으니 밀리도 음모에 가담한 게 분명하며, 다른 사람들과 똑같이 대해야 한다고 확신했다. 도나는 밀리 때문에 둘의 관계가 소원해졌으니 아쉬운 쪽은 밀리라고 생각했다. 도나는 자신이 알고 지내던 누구보다 밀리에게 화가 났다. 도나는 밀리가 용서를 구하며 굽실거리기 바랐지만, 밀리는 그러지 않았다. 도나는 사납게 뛰쳐나가며 문을 꽝 닫았다.

 그날 저녁 집에 도착한 도나는 남편이 좋아하는 음식을 준비했다. 일정대로라면 남편이 집에 도착하는 시각은 저녁 6시다. 도나는 자신을 해코지하려고 상사에게 이야기한 밀리의 행동을 남편에게 말해야 할지 고민했다. 남편은 예상과 달리 7시가 돼서야 돌아왔고, 도나의 심기가 불편하다는 것을 알아챘다. 도나는 남편에게 어디 있었는지, 늦는다고 전화하지 않은 이유가 무엇인지 물었다. 고객이 내일 아침에 자동차를 사용해야 한다고 해서 일을 마무리하고 왔다는 말을 하기 위해 입을 떼기도 전에 도나는 남편이 외도한다며 트집을 잡았다.

 남편은 도나와 입씨름할 마음이 없었다. 도나에게 치료를 받아야 한다며, 치료받지 않으면 도나를 떠나겠다고 통보하더니 나가버렸다. 화가 머리끝까지 난 도나는 문을 나서는 남편을 향해 재떨이를 던졌다. 도나는 남편 역시 음모를 꾸미고 자신을 해하려는 무리에 가담한 게 분명하다고 단정 지었다. 또 남편이 밀리와 부적절한 관계일 수도 있다고 생각했다. 도나는 편집성 성격장애가 있다.

**특징과 진단 기준**

미국정신의학협회는 '편집성 성격장애의 주요한 특징은 다른 사람을 끝없이 불신하고 의심하는 행동 양식이다. 예컨대 다른 사람이 자신에게 적대적 의도가 있다는 식으로 해석하는 행동이다'라고 규정한다. 다음은 미국정신의학협회가 상술하는 편집성 성격장애의 구체적인 진단 기준이다.

> 다른 사람에 대한 끝없는 불신과 의심. 예컨대 적대적인 의도가 있다는 식으로 해석하는 행동은 청년기에 시작되고 상황에 따라 여러 모습을 보인다. 다음 중 4가지 이상 해당하면 편집성 성격장애의 징조다.
>
> 1. 충분한 근거가 없는데도 다른 사람들이 자신을 착취하거나 해하거나 속인다고 의심한다.
> 2. 친구나 동료의 충실성과 신뢰성을 부당하게 의심한다.
> 3. 그 내용이 자신에게 불리할 수 있다는 이유 없는 두

려움으로 다른 사람에게 털어놓기를 주저한다.
4. 다른 사람의 호의적인 말이나 행동에 경멸이나 위협의 의미가 숨어 있다는 식으로 해석한다.
5. 상대방에게 모욕이나 상처 받은 일, 상대방의 무례한 행동을 용서하지 않는다.
6. 다른 사람은 그렇게 느끼지 못하는 말과 행동도 자기 성격이나 평판에 대한 공격으로 받아들이고, 즉각 반응해서 화내거나 반격한다.
7. 정당한 이유 없이 배우자 혹은 성적 파트너의 정절을 지속적으로 의심한다.

## 주의 사항

독자가 알아야 할 중요한 사항은 편집성 성격장애가 편집형 정신분열증(schizophrenia, paranoid type)과 다르다는 점이다. 미국정신의학협회는 다음과 같이 규정한다.

편집형 정신분열증의 주요한 특징은 인지 기능이 비교적 멀쩡한데도 '현저한 망상 혹은 환청이 있다'는 것이다. 망상은 피해망상과 과대망상이 일반적이며 다른 사안, 예컨대 질투 혹은 신체화장애(심리적 스트레스에 대한 반응으로 신체적 고통을 경험하는 것―옮긴이)가 동반되기도 한다. 망상은 복합적이지만 대개 한 가지 사안과 관련해 생긴다. 환청 역시 망상을 일으키는 사안과 관련한 것이 보통이다. 편집형 정신분열증의 특징은 근심, 분노, 무관심, 따지기 좋아하는 것이다.

편집성 성격장애는 편집형 정신분열증의 전조라 할 수 있다. 하지만 현저한 망상이나 환청이 나타나지 않으면 편집형 정신분열증 진단을 내릴 수 없다.

### 진단 기준 해설

**1.** 충분한 근거가 없는데도 다른 사람들이 자신을 착취하거나 해하거나 속인다고 의심한다.

편집성 성격장애가 있는 사람은 증거가 없는데도 다른 사람들이 자신을 기만하거나 자신에게 해를 끼치려고 음모를 꾸민다고 믿는다. 이와 같은 망상은 다른 사람들이 음모가 드러나지 않는 행동으로 자신에게 벌써 해를 끼쳤다고 믿는 데까지 나아간다. 편집성 성격장애가 있는 사람은 이런 망상 때문에 다른 사람들과 어울리기 힘들고, 친밀한 관계를 형성하지 못한다. 결국 친구나 친척은 편집성 성격장애가 있는 사람을 피한다.

**2.** 친구나 동료의 충실성과 신뢰성을 부당하게 의심한다.

편집성 성격장애가 있는 사람과 친밀한 관계를 유지하려고 노력하는 친구나 친척은 그에게 끊임없이 충실성과 신뢰성을 보여야 한다. 편집성 성격장애가 있는 사람은 자신에게 충실한 사람도 의심한다. 편집성 성격장애가 있는 사람에게 충실한 사람이 다른 사람과 대화하거나 식사하느라 그를 챙기지 못할 수 있다. 예컨대 어른이 된 자녀가 하루라도 전화를 빠뜨리거나 일요일 식사에 초대하지 않으면 편집성 성격장애가 있는 사람은 이를 확대해석 한다. 즉 자신이 심각하게 해를 당했다고 생각하며, 그 결과 망상은 심각해진다.

**3.** 그 내용이 자신에게 불리할 수 있다는 이유 없는 두려움으로 다른 사람에게 털어놓기를 주저한다.

편집성 성격장애가 있는 사람은 다른 사람이 자신에게 불성실하며 신뢰할 수 없다고 생각하다 보니 아무에게도 마음을 털어놓지 못한다. 편집성 성격장애가 있는 사람은 자신이 털어놓은 진심이 나중에 자신을 해하는 데 이용되리라 믿는다. 예컨대 암에 걸린 어머니는 자녀가 자신을 이용하고 착취할까 봐 어른이 된 자녀에게 발병 사실을 알리지 못하고 주저한다.

　다른 사람에게 진심을 털어놓지 못하는 것은 편집성 성격장애가 있는 사람의 자기방어적 행동이다. 이들은 자신이 의지하던 사람과 멀어지는 경우나, 자신에게 관심을 가지고 도와주려던 사람과 멀어지는 경우에 대비한다. 나이 든 부모는 어른이 된 자녀에게 경제적으로 어려움에 처했다는 사실을 알리지 않는다. 말만 하면 자녀가 기꺼이 도와줄 텐데 말이다. 편집성 성격장애가 있는 사람은 그런 정보를 알리면 언젠가 자신에게 불리하게 작용하리라 믿는다.

**4.** 다른 사람의 호의적인 말이나 행동에 경멸이나 위협의 의미가 숨어 있다는 식으로 해석한다.

이 항목은 편집형 정신분열증 진단을 향한 전조다. 건강에 관한 일상적인 대화와 질문을 음모라고 곡해한다. 자녀는 비가 억수같이 와서 나이 든 부모를 손자의 축구 경기에 초대하지 않았을 뿐인데, 편집성 성격장애가 있는 사람은 자신이 모욕당했다고 생각한다. 합당한 이유를 설명하고 건강에 대한 염려를 이야기해도 소용없다. 의례적인 인사말도 환심을 사기 위한 계략으로 받아들인다. 곡해하는 정도가 심각해지면 편집형 정신분열증 진단을 받을 수도 있다는 것을 생각해야 한다.

가족이 정신 건강 진단을 언급하면 편집성 성격장애가 있는 사람의 불신은 더욱 깊어진다. 가족이 자신을 염려하는 것이 아니라 자신에게 반하는 악의라고 받아들이기 때문이다. 그 말을 한 사람이 돌이킬 수 없을 정도로 상처 받는 경우도 흔하다. 가족으로서는 이러지도 저러지도 못할 비극적인 상황이다. 사랑과 관심을 쏟는 노력은 속셈이 있고 착취하려는 행동으로 오인된다. 편집성 성격장애가 있는 사람에게 정신 건강 진단을 받아보라고 말하면 그는 말도 안 되는 사실로 치부한다.

**5.** 상대방에게 모욕이나 상처 받은 일, 상대방의 무례한 행동을 용서하지 않는다.

편집성 성격장애가 있는 사람은 자신이 믿은 사람이 신의를 저버리거나 무례하거나 얕보는 행동을 한 것에 지속적으로 분노하는 경향이 있다. 예컨대 사돈은 일요일 식사에 초대받고 자신은 초대받지 못했다면 어머니는 자녀 부부에게 적의를 품는다. 이 어머니는 자신이 사돈 없이 자녀의 집에서 식사한 수많은 일요일은 기억하지 못한다.

생일을 잊거나 날짜가 지나 생일 카드를 보내는 일 역시 성격장애가 있는 사람이 적의를 품게 하는 계기가 될 수 있다. 이런 분노는 장기간 지속된다. 편집성 성격장애가 있는 사람은 상처 받을지도 모르는 행동의 기미를 빈틈없이 경계한다. 이들은 호의를 베푸는 사람의 별것 아닌 실수와 의도하지 않은 잘못도 과장해서 받아들이고, 그 실수나 잘못을 곱씹으며 친구나 가족을 더욱 신뢰하지 못한다. 편집성 성격장애가 있는 사람은 용서에 더디다. 이런 상황에서 진짜 피해자는 비정상적인 사고를 감내해야 하는 가족과 친구다.

**6.** 다른 사람은 그렇게 느끼지 못하는 말과 행동도 자기 성격이나 평판에 대한 공격으로 받아들이고, 즉각 반응해서 화내거나 반격한다.
편집성 성격장애가 있는 사람은 다른 사람들이 자신을 해하려 한다는 생각 속에 산다. 그 결과 이들은 상처 받을 행동을 예상하고 방어기제를 형성한다. 다른 사람들은 모욕적이거나 상처가 될 내용을 찾지 못하는 말이나 행동도 이들은 왜곡해서 받아들이고, 적의를 드러내며 공격하기 일쑤다. 이들의 분노에 찬 공격은 그렇게 반응하리라 생각지도 못한 친구와 가족의 감정에 상처를 준다. 편집성 성격장애가 있는 사람은 상대방에게 적의를 품고 폭발한 뒤, 황당해하는 상대방을 남겨두고 떠난다. 그리고 오랜 원망과 단절이 시작된다.

**7.** 정당한 이유 없이 배우자 혹은 성적 파트너의 정절을 지속적으로 의심한다.
정당한 이유 없는 의심은 오랜 기간 친밀하던 배우자 혹은 성적 파트너와 관계를 파국으로 몰고 간다. 부정을 저지를 것이라는 예상은 배우자나 성적 파트너를 겨냥한다. 편집성 성격장애가 있는 사람은 배우자의 정절을 끊임없이 의심하기 때문에 늦게 퇴근한 이유가 무엇인지, 친목 모임이나 회식 자리에서 특별한 일은 없었는지, 왜 출장을 가야 하는지 질문 공세를 퍼붓는다. 이들은 질투심이 대단해서, 망상 속에 배우자 혹은 성적 파트너와 내연의 관계라 의심되는 사람한테 싸우자고 덤벼든다.

이런 행동은 연인 관계나 결혼 생활이 깨지는 원인이 된다. 배우자나 성적 파트너가 부정을 저질렀다는 주장을 부인하며 편집성 성격장애가 있는 사람에게 치료를 권유하면 상황은 더욱 악화된다.

### 원인과 경과

징후를 보이는 특정 행동을 한다고 해서 편집성 성격장애 진단을 내릴 순 없다. 인종이나 문화, 민족, 성(性)에 따라 차별을 경험한 사람들은 과거의 경험 때문에 다른 사람을 신뢰하지 않는다. 다시 말해 그들은 편집성 성격장애나 편집형 정신분열증으로 고통 받는 사람들이 아니다. 남자가 지배하는 직업군에서 일하는 여자는 실제적인 차별과 성희롱에 반응할 뿐, 편집성 성격장애가 아니다. 그들이 불신하는 태도는 불특정 다수가 아니라 원인을 제공한 사람(들)에게 향한다. 물론 그들의 태도는 분노와 적의를 띤다.

이와 달리 편집성 성격장애가 있는 사람은 근거가 없는데도 사람들을 끊임없이 의심한다. 경쟁적인 환경이라면 정도가 심해진다. 그는 성공하지 못하면 남을 탓하고, 사람들이 자신에 대항해서 음모를 꾸몄다고 단정 짓는다. 다른 사람을 향한 끊임없는 불신은 그를 매우 독립적으로 만든다. 다른 사람에 대한 불신과 결부된 독립성은 종종 분노와 적의가 끓어오르는 모습으로 표출된다. 편집성 성격장애가 있는 사람은 미소 짓기보다 인상을 쓰며, 우울한 분위기를 풍긴다.

편집성 성격장애의 원인도 생각해봐야 한다. 국제적으로 인정받는 발달심리학자 앨버트 반두라(Albert Bandura)는 아이들이 경험하는 대신 관찰함으로써 어떤 행동을 배운다는 이론을 주장했다. 즉 편집성 성격장애가 있는 부모 밑에서 성장한 아이는 부모의 행동을 관찰하고, 이런 행동을 배울 것이다. 미국정신의학협회는 다음과 같이 설명한다.

> 편집성 성격장애는 외로움, 원만치 못한 교우 관계, 사회 공포증, 학습 부진, 과민증을 경험하고 특이한 생각과 말, 비정상적 상상을 하는 아동기와 청소년기에 처음으로 분명히 드러난다. 이런 아이들은 이상하거나 특이하게 보여 괴롭힘을 당한다. 임상에서 보면 남자들이 편집성 성격장애를 진단받는 경우가 흔하다.

안타깝게도 편집성 성격장애 진단을 받은 사람들은 치료 받기를 꺼린다. 이는 다른 사람에 대한 만성적 불신 상태에 따른 당연한 결과다.

## 대하는 법

편집성 성격장애가 있는 사람은 다른 사람을 끝없이 불신하고 의심하기 때문에 친하게 지내기 어렵다. 실제로 그들은 친구 없이 혼자인 경우가 많다. 편집성 성격장애가 있는 사람을 대할 때는 적당한 거리를 유지하는 것이 중요하다. 조금 친해졌다고 마음을 터놓고 다가가면 그들은 자기의 의심을 증명하기 위해 점점 더 무리한 요구를 한다. 이를 거부하면 그들은 자신이 배신당한 것으로 여기고 분노하며 복수심을 드러낸다.

    편집성 성격장애가 있는 사람과 갈등은 되도록 피해야 한다. 그들과 갈등이 생기면 정중히 사과하고 가라앉을 때까지 내버려두는 것이 바람직하다. 그들은 체면을 매우 중시하기 때문에 체면을 구기는 말이나 행동은 삼가야 한다. 설령 그들이 틀렸다 해도 지적하거나 맞서면 안 된다. 그들은 승부욕이 지나치게 강해서 무슨 수를 써서라도 이기려고 하기 때문에 굉장히 피곤한 일이 벌어질 게 뻔하다. 그들은 이기기 위해 소송도 불사하고 심지어 목숨까지 건다.

편집성 성격장애가 있는 사람은 강하고 어떤 상황에도 흔들리지 않는 아버지상에 애착을 보인다. 그렇기 때문에 그들을 대할 때는 당당하고 성실한 태도가 무엇보다 중요하다. 승부욕이 강하고 속을 보이지 않으며 현상의 배후를 끊임없이 의심하는 편집성 성격장애가 있는 사람의 특징은 협상을 하는 데 적합하며, 법이나 정치 분야에서 두각을 나타낼 수 있다.

## 02 분열성 성격장애
### Schizoid Personality Disorder

# 감정을 표현하지 않는
# 외톨이

**시나리오**

앤디는 오로지 자기 방에 머무르는 것을 좋아한다. 그가 즐겁고 신나기 위해 필요한 것은 음악, 컴퓨터게임, 인터넷뿐이다. 앤디는 부모님과 형제들이 자신을 귀찮게 하며 놀리듯 은둔자라 부르는 이유를 모른다. 그는 아무에게도 해를 끼치지 않고, 홀로 지내며 만족한다.

  앤디의 '외톨이' 행동은 중학생 때 시작됐다. 초등학생 시절 그는 '수줍음을 타는' 아이였지만, 선생님 때문에 억지로 수업 시간에 발표도 하고 체육 활동도 했다. 어머니가 보이스카우트 지도자로 봉사했기 때문에 앤디도 스카우트 활동에 참여했다. 그는 순진한 다른 단원들처럼 스카우트 활동에 열을 올리지 않았다. 앤디는 목공과 도예 활동을 즐기고, 작은 도자기 조각에 색을 칠하며 몇 시간씩 보냈다. 여가가 생기고 무엇을 할지 선택할 수 있다면 언제나 홀로 자기 방에서 플라스틱 자동차나 비행기 모형을 조립했다. 앤디는 조립한 모형을 가지고 놀며 시간을 보냈다. 부모님은 앤디의 이런 행동이 예술가적 기질이라 여기며, 또래 아이들보다 조숙하다고 생각했다.

중학교에 들어가면서 앤디는 더욱 외톨이가 됐다. 이제 한 교실에서 같은 선생님과 지내지 않았다. 6교시 수업 동안 교실을 옮겨 다니며 시간마다 다른 선생님, 다른 학생들과 보냈다. 앤디는 초등학생 때처럼 수업 시간에 억지로 참여하지 않아도 됐다. 숙제를 다 하고 수업에 방해가 되지 않으면 선생님들은 앤디를 그냥 뒀다. 앤디는 숙제를 할 수 있을 만큼 수업에 귀를 기울였다. 수업 시간에 집중하는 듯 보였지만, 그의 마음은 교실을 떠나 공상에 빠져 있었다. 앤디의 공상은 홈런을 치거나 이국적인 장소로 여행하는 것이 아니라, 단지 홀로 고독을 즐기는 것이었다.

앤디는 자발적으로 혼자 있기를 택했다. 결과적으로 그에게는 친구도, 알고 지내는 사람도 없었다. 앤디는 탁자에 홀로 앉아 밥을 먹었고, 점심시간에 숙제를 했기 때문에 집으로 숙제를 들고 갈 필요가 없었다. 그는 방에서 혼자 지내고 싶어 할 뿐, 염려되는 행동은 하지 않았다. 앤디는 마지막 종이 울릴 때까지 조용히 기다렸다가 책을 사물함에 넣고 나와 버스 구석 자리에 앉았다. 다른 중학생들은 친구들과 수다를 떨거나 정신없이 돌아다니며 수업이 끝났다고 즐거워했다. 앤디는 소란스런 스쿨버스에 소리 없이 앉았다가 늘 같은 정류장에서 조용히 내려 곧장 집으로 갔다. 남동생과 여동생은 집에 돌아오면 어머니와 이야기를 나눴지만, 그는 인사 대신 어머니와 다정하게 포옹하고 숙제가 많은 척하며 방으로 들어갔다.

앤디는 맏이로 열두 살 생일에 비디오게임기 플레이스테이션을 선물 받았다. 그는 조립식 비행기와 자동차에서 손을 떼고 플레이스테이션의 세계로 들어갔다. 앤디는 용돈이나 세뱃돈을 절대 학용품 같은 소소한 것을 사는 데 쓰지 않았다. 대신 돈을 모아 새로운 게임을 구입했다. 앤디는 지역 도서관의 단골 이용자로, 이용할 수 있는 모든 게임을 대여했다. 흥미롭게도 그는 다른 플레이어와 경쟁하는 데 관심이 없고, 혼자서 게임하는 것만 좋아했다. 앤디는 가능한 한 모든 시간을 자기 방에서 게임을 하거나 음악을 들으며 보냈다.

부모님은 스카우트, 운동경기, 교회 모임 같은 외부의 단체 활동에 앤디를 참여시키려는 노력을 그만뒀다. 작은아들과 딸은 매우 활동적이어서 운동경기부터 무용 교습, 밴드 연습까지 따라다니느라 바빴다. 앤디는 성적이 좋았고, 괜찮은 시민의 자질을 갖췄다는 평가를 받았으며, 자기 몫의 집안일도 완수했다. 부모님은 앤디가 활동적인 작은아들과 딸보다 훨씬 수월한 아이였기에 맏이의 문제를 대수롭지 않게 여겼다. 부모님은 아주 많은 시간 동안 앤디를 혼자 내버려뒀다. 부모님은 앤디가 학구적인 노력이 필요한 활동을 시작했으리라고 단정했다.

학교에서는 얘기가 달랐다. 앤디는 반 친구들에게 끊임없이 놀림을 받았다. 비정한 놀림이 계속됐지만, 그것이 앤디에게 영향을 미치지 않는 듯했다. 앤디는 아이들의 놀림과 공격하는 행동을 무시하고 표정 없는 얼굴로 걸어 다녔다. 급기야 가장 심하게 괴롭히던 아이들도 떠났다. 그 아이들은 자신들의 모욕에 최소한 얼마만큼 감정적인 반응을 보이는 희생자를 찾았다. 앤디는 기쁘거나 행복한 감정 역시 드러내지 않았다. 앤디가 좋아하는 활동은 자기 방에 홀로 머무르는 것뿐이었다. 억지로 방에서 나와 가족과 함께 시간을 보내야 하는 때도 그는 무표정했다.

앤디가 고등학생일 때 할머니가 돌아가셨다. 가족 모두 할머니를 매우 따랐기에 경야(經夜)의 시간에는 슬퍼하는 분위기가 짙었다. 모두 눈물을 흘리며 할머니를 잃은 슬픔에 대해 이야기했다. 이때도 앤디는 무표정했다. 눈물을 흘리거나 대화에 동참하거나 얼굴을 찌푸리지 않았다. 앤디는 삶에 부과된 상황에 동요하지 않고 평소와 똑같았다. 슬픔에 대처하는 개인적 방식 탓이라 생각한 부모님은 남은 경

야 시간 동안 그가 방에서 피난처를 찾도록 허락했다. 방해받지 않기 위해 방문을 잠그고 비디오게임기를 켜면서도 앤디는 미소 짓지 않았다.

시간이 흐르며 우수하던 앤디의 성적은 낙제를 간신히 면할 정도로 떨어졌다. 대학 진학에 대한 부모님의 기대는 꺾였다. 앤디는 대학에 가지 못했고, 결국 보수가 낮은 조립 공장에서 일하기 시작했다. 조립 공장에 자리 잡기까지 앤디는 이 직장에서 저 직장으로 옮겨 다녔다. 조립 공장에서는 다른 사람들과 어울리지 않고 혼자 하는 작업이 부여됐다. 앤디의 수입은 스튜디오 아파트(부엌과 욕실이 한방에 딸린 아파트―옮긴이)를 얻기에 충분한 정도였다. 그곳에서 앤디는 모든 여가를 홀로 보냈다. 친구도, 아는 사람도, 애인도 없지만 그는 자신의 삶에 아주 만족했다. 앤디는 분열성 성격장애가 있다.

### 특징과 진단 기준

미국정신의학협회는 '분열성 성격장애의 주요한 특징은 사회적 환경에서 이탈하고, 대인 관계에서 감정을 표현하지 않는 행동 양식이다'라고 규정한다. 미국정신의학협회가 상술하는 분열성 성격장애의 구체적인 진단 기준은 다음과 같다.

사회적 환경에서 이탈하고 대인 관계에서 감정을 표현하지 않는 행동 양식은 성인기 초반에 시작되고, 상황에 따라 여러 모습을 보인다. 다음 중 4가지 이상 해당하면 분열성 성격장애의 징조다.

1. 가족의 일부가 되는 것을 포함해서 친밀한 관계를 원하지도, 기뻐하지도 않는다.
2. 항상 혼자 하는 활동을 택한다.
3. 다른 사람과 성관계하는 것에 관심이 거의 없다.
4. 즐거워하는 활동이 극히 드물다.
5. 가족과 친척 외에는 친한 친구나 믿을 만한 상대가 없다.
6. 다른 사람의 칭찬이나 비난에 무관심한 듯 보인다.
7. 감정적으로 활기 없고, 무관심하며, 무미건조한 상태를 보인다.

**주의 사항**

분열성 성격장애는 다른 성격장애의 증상과 유사하기 때문에 진단하기 어렵다. 덧붙여 분열성 성격장애가 있는 사람이 그 특징적 증상으로 고통 받기보다 오히려 만족하기 때문에 진단하기 까다롭다.

## 진단 기준 해설

**1.** 가족의 일부가 되는 것을 포함해서 친밀한 관계를 원하지도, 기뻐하지도 않는다.

분열성 성격장애가 있는 사람은 친밀한 관계를 시작하고 발전시키고 유지하는 데 관심이 없다. 그는 혈연관계인 가족에게도 중히 여겨지기를 바라지 않는다. 그는 어떤 모임에 특별한 관심이나 호감을 품고 참여하지 않으며, 사교적인 모임은 적극적으로 거부한다.

**2.** 항상 혼자 하는 활동을 택한다.

분열성 성격장애가 있는 사람은 내성적인 듯 보이지만 수줍어하는 것이 아니다. 그는 다른 사람들을 곁에 두고도 고독을 택한다. 그는 진정한 외톨이로, 혼자 있다는 것 때문에 고민하지 않는다. 이것이 분열성 성격장애를 규정하는 특징이다. 그는 혼자 있는 데서 기쁨을 찾는다. 그는 위협적이거나 걱정이 생기게 한다고 인식하는 세상에서 도망치는 것이 아니라, 이 세상에서 자신이 관심 있게 지켜볼 사람을 발견하지 못하는 것이다. 분열성 성격장애가 있는 사람은 다른 사람들에게서 완전히 분리된 삶에 만족한다.

**3.** 다른 사람과 성관계하는 것에 관심이 거의 없다.

분열성 성격장애가 있는 사람은 다른 사람과 성적 친밀감을 나누고 싶어 하지 않는다. 조금이나마 즐거워하는 성행위는 자위인데, 이때 다른 사람에 관한 상상이 포함되는지조차 단정 짓기 어렵다.

**4. 즐거워하는 활동이 극히 드물다.**
분열성 성격장애가 있는 사람이 즐거워하는 활동은 매우 드물다. 그는 혼자서 하는 활동에 집착한다. 그는 보통 동적인 활동에는 전혀 참여하지 않고 정적인 활동에 참여한다. 예컨대 몇 시간 동안 헤드폰을 끼고 음악을 듣거나, 컴퓨터와 경쟁해 체스를 두거나, 연달아 십자말풀이를 한다.

**5. 가족과 친척 외에는 친한 친구나 믿을 만한 상대가 없다.**
분열성 성격장애가 있는 사람은 가족과 친척을 제외하면 친구나 아는 사람조차 없다. 사람들은 보통 관심이나 취미가 같은 이들과 어울리기 좋아하지만, 분열성 성격장애가 있는 사람은 그렇지 않다. 참고로 스포츠 활동에 참여하지 않는 10대 소년이나 청년은 지능이 평균보다 높다. 이들은 대다수 사람처럼 '상대방을 찾고' 친밀한 관계를 발전시키지 않는 것처럼 보인다. 이들은 보드게임과 컴퓨터게임뿐만 아니라 토론, 연극 관람, 체스와 같은 지적 활동을 즐긴다. 이런 사회적 관계는 건강한 자존감을 형성하고 유지하는 데 중요한 요소지만, 이들은 자존감을 얻고자 축구나 하키를 할 필요가 없다. 이들은 비슷한 부류 사람들과 지적인 관계를 통해 인정받고 평가받는다.

대조적으로 분열성 성격장애가 있는 사람은 동일한 활동이나 취미로 즐거움을 얻으면서도 사회적 상호작용에는 관심이 없고, 의도적으로 피한다. 분열성 성격장애가 있는 사람은 진정한 외톨이다.

**6.** 다른 사람의 칭찬이나 비난에 무관심한 듯 보인다.

분열성 성격장애가 있는 사람은 자기중심적이어서 칭찬이나 비난, 다른 사람의 의견에 동요하지 않는다. 그는 다른 사람들이 자신을 어떻게 생각하든 상관하지 않는다. 대학 입학시험에서 이례적으로 높은 점수를 받고 사람들에게 찬사를 들어도 꿈쩍하지 않는다. 점수에는 신경 쓸지 몰라도 점수와 관련해 다른 사람들에게 칭찬을 받는 것은 상관하지 않는다는 의미다. 다른 사람의 의견에 무심한 모습은 비난 받을 때 도드라진다. 다시 말해 분열성 성격장애가 있는 사람은 당신이 그를 어떻게 생각하는지 상관하지 않는다. 당신의 의견은 그와 무관하다.

**7.** 감정적으로 활기 없고, 무관심하며, 무미건조한 상태를 보인다.

분열성 성격장애가 있는 사람은 무표정하게 살아가는 듯하다. 그는 기쁨이나 슬픔을 표현하지 않으며, 활기 없고 멍한 표정을 짓는다. 이 특징은 때때로 잘못 이해된다. 정신분열증, 자폐증, 심각한 약물 남용으로 고통 받는 사람들 역시 분열성 성격장애가 있는 사람처럼 활기 없고 멍한 표정을 짓기 때문이다.


### 원인과 경과

분열성 성격장애는 눈에 잘 띄지 않기 때문에 알려진 원인이 거의 없다. 하지만 가까운 혈육이 분열성 성격장애를 진단받은 환경에서 성장한 아이와 청소년에게 동일한 성격장애가 나타날 가능성이 높다. 이는 유전 가능성이나 행동을 보고 배우는 것이라는 추측을 가능케 한다.

분열성 성격장애가 있는 사람은 치료받을 생각이 없지만 가족은 그렇지 않다. 이들은 자신에게 문제가 있다고 생각하거나 곤란을 경험하지 않기에 치료를 거부한다. 이들은 자기 생활 방식에 만족하고, 자기의 본모습을 바꾸려는 다른 사람들의 모든 시도를 불편해한다. 이들은 자신을 있는 그대로 받아들이지 못하는 가족에게 문제가 있다고 생각하며, 변화에 저항한다. 이들이 행동으로 보이는 외침은 다음과 같다. "그건 당신들의 문제지 내 문제가 아니야. 나를 있는 그대로 좋아해줘. 그리고 나를 혼자 놔둬."

## 대하는 법

분열성 성격장애가 있는 사람은 진정한 외톨이다. 동일한 활동이나 취미로 즐거움을 얻으면서도 사회적 상호작용에는 관심이 없고 의도적으로 피한다. 이들은 다른 사람이나 외부 환경에 무관심하고 무미건조한 상태를 보이는데, 이런 특징은 역으로 섬세하고 약한 자아를 지키기 위해 스스로 쌓은 벽에 갇히기 때문이다. 따라서 이들에게 섣불리 접근하거나 친밀감을 보이면 고슴도치를 건드린 것처럼 점점 더 경계심을 드러내고 자기 안으로 숨어버린다. 이들을 대할 때는 어느 정도 거리를 두고 감정을 드러내지 않는 것이 가장 중요하다. 그래야 이들도 다소 안심하고 최소한의 관계나마 유지할 수 있다.

분열성 성격장애가 있는 사람은 경쟁적이고 조직적인 사회생활을 하기 어렵다. 하지만 혼자서 일하는 직업 중에서 적성에 맞는 일을 하면 탁월한 성과를 거두기도 한다.

# 03 분열형 성격장애
## Schizotypal Personality Disorder

## 왜곡된 인식과 비정상적 행동으로
## 다른 사람을 불편하게 한다

**시나리오**

위압적인 경영대학원에서 팽팽한 긴장 속에 재정학 강의가 진행되고 있었지만, 조가 강의실에 들어서자 학생들은 숨죽여 키득거렸다. 조는 강의가 시작되고 5분 뒤에 들어왔다. 노교수는 전체 학생들에게 방해가 되는 조의 지각도, 생김새와 행동도 우습지 않았다. 키득거리는 소리와 교수의 성난 눈빛이 안중에 없는 듯 조는 강의실 앞쪽 중앙으로 걸어가더니 자리에 털썩 앉았다. 조는 자신이 방해하고 있다는 사실을 여전히 염두에 두지 않은 채, 시끄럽게 노트북 컴퓨터를 꺼냈다. 이어 전원을 켜자 시스템 시작을 알리는 음악 소리가 강의실에 크게 울렸다. 조는 교수를 보며 강의가 계속되기를 기다렸다.

이것은 조의 일상적인 행동이다. 조가 눈에 띄게 명석한데도 사람들은 그를 어이없어했다. 조가 이상하고 괴벽스럽다고 말하는 사람들도 있다. 조의 외모는 언제 어디서나 사람들의 이목을 끌었다. 옷은 늘 상황에 어울리지도, 적합하지도 않고 지저분했다. 머리는 좀처럼 빗지 않았고, 위생에 관한 다른 사항도 전혀 신경 쓰지 않았다. 다른 학생들은 평소에 청바지와 티셔츠를 입는 반면, 조는 심하게 구겨지고 더러운 흰 셔츠에 화려한 넥타이, 스포츠 재킷과 어울리지 않는 바지를 입고 빨간색 농구화를 신었다. 대조적으로 대학원생들이 모이는 교수 환영회에는 멜빵바지에 티셔츠를 입고, 맨발에 샌들을 신고 나타났다. 교수와 학생, 그들의 배우자는 모두 상황에 맞는 정장을 입었다.

조는 뛰어난 지능에도 초능력을 믿었다. 자신에게 미래를 예견할 뿐만 아니라 다른 사람의 행동을 바꿀 수 있는 '육감'이 있다고 확신했다. 조는 자신의 '특별한' 능력에 대해 끊임없이 말했다. 어린 시절부터 자신에게 특별한 능력이 있었다고 떠벌리고, 예의상 귀를 기울이는 사람이 있으면 계속 이야기했다. 이런 행동은 첫 학기 내내 지속됐고, 다음 학기가 시작될 즈음에는 조가 따돌림 당한다는 사실을 그만 몰랐다.

보통 경영대학원에 다니는 학생들은 학교 밖에서도 같이 어울렸다. 커피를 마시다가 술집에서 금요일 오후를 함께

보내는 사이로 발전했다. 이런 사교 모임에는 교수도 참석하곤 했다. 조는 이 모임에서도 눈에 띄었다. 교수와 다른 학생들은 경영학에 관련된 정치적 사안을 토론했지만, 조는 자신의 초능력에 관한 이야기뿐이었다. 조는 다른 사람에게 영향을 미칠 사건을 미리 알 수 있다고 줄기차게 떠들었다. 자신이 허리케인 카트리나 발생을 예언하고 전화 메시지를 남겼지만, 공무원이 응답하지 않았다고 했다. 조는 동료들에게 곧 들이닥칠 재앙을 경고하려고 노력했다.

두 번째 학기의 첫 금요일, 조는 늘 모이던 술집으로 갔지만 아무도 나오지 않았다. 다음 주 내내 학생들이 그를 피했기에 조는 금요일 모임에 대해 물어볼 기회가 없었다. 둘째 금요일에도 조는 술집에서 혼자 머물렀다. 조는 다음 월요일 수업 시간에 한 학생을 붙잡고 물어본 결과 장소가 바뀌었음을 알았다. 조에게 말한 학생은 모든 학생에게 공지된 사항이라고 생각한 것이다. 셋째 금요일, 조는 바뀐 장소로 갔지만 여전히 혼자였다. 학생들이 장소를 다시 바꿨고, 조에게 알리지 않았다.

사람들이 자기를 피한다는 조의 의심은 착각이 아니었다. 원래 의심이 많던 조는 상태가 심해졌다. 학생들이 모여서 이야기하는 것을 보면 그들이 자신에 대해 말하고 비웃는다고 확신했다. 고등학생과 대학생 때 경험이 명문 경영대학원에서는 이어지지 않으리라 자신했지만, 조는 그때와 마찬가지로 친밀한 관계를 형성할 수 없었다. 대학원생들은 여전히 예의 바르게 행동했지만, 점심 식사 후 남는 시간조차 조와 함께 보내기를 꺼렸다. 그러면서 다른 학생들은 거의 모든 시간 동안 어울렸다. 조는 다른 사람들이 자신에게 불리한 음모를 꾸미고 있다고 믿었다. 조는 사생활과 학업을 분리하려고 노력했다. 그리고 자신의 특별한 능력을 제대로 평가해줄 대학원생 무리를 찾기 시작했다.

조는 자신이 접근하는 것을 받아들이고 특별한 능력에 대한 이야기를 환대하는 대학원생 무리를 발견했다. 그들은 모여서 마약을 하는 대학원 내 비주류 학생들이다. 그들은 마리화나를 피우고 환각을 경험하는 동안 함께하자며 조를 초대하곤 했다. 특별한 능력을 보여달라며 조를 골리는 일은 그들에게 큰 재미였다. 조는 그들을 위해 재주를 부리는 '애완용 원숭이'였다. 조가 그 무리에서 자신이 어떤 존재인지 깨닫기까지는 오랜 시간이 걸리지 않았다. 조의 피해망상은 더욱 심해졌다. 그는 감정을 드러내지 않으며 세상을 피했다. 조는 분열형 성격장애가 있다.

**특징과 진단 기준**

미국정신의학협회는 '분열형 성격장애의 주요한 특징은 왜곡된 인식과 비정상적 행동을 할 뿐만 아니라 가까운 사람마저 극도로 불편하게 만드는 대인 관계의 심각한 결함이다'라고 규정한다. 미국정신의학협회가 상술하는 분열형 성격장애의 구체적인 진단 기준은 다음과 같다.

왜곡된 인식과 비정상적 행동을 할 뿐만 아니라 가까운 사람마저 극도로 불편하게 만드는 대인 관계의 심각한 결함은 성인기 초반에 시작되고, 상황에 따라 여러 모습을 보인다. 다음 중 4가지 이상 해당하면 분열형 성격장애의 징조다.

1. 다른 사람들의 말과 행동이 자신과 관계된다는 피해망상이 있다.
2. 하위문화의 규범과 모순되는 이상한 믿음이나 마술에 관한 생각이 행동에 영향을 미친다. 예컨대 미신에 빠지거나 투시력, 텔레파시, 육감을 믿는다. 이는 어린이와 청소년이 괴상한 상상을 하는 것과 다르다.
3. 신체상의 환각 증상을 포함해 특이한 지각 작용을 경험한다.
4. 생각과 말투가 특이하다. 예컨대 주위 상황에 따라 말이 달라지거나 애매하거나 비유적이거나 장황하거나 상투적이다.
5. 의심과 피해망상에 사로잡힌다.

6. 생각이 부당하거나 편협하다.
7. 외양이 특이하거나 행동이 비정상적이고 이상하다.
8. 가족과 친척 외에는 친한 친구나 신뢰할 만한 사람이 없다.
9. 대인 관계에서 과도한 불안은 가까운 사람에게도 줄어들지 않고, 피해망상에 빠지는 경향이 있다.

## 주의 사항

증상의 심각성으로 분열형 성격장애와 정신분열증의 진단 기준을 구분 짓기는 어렵다. 분열형 성격장애가 정신분열증보다 상대적으로 건강한 상태다. 하지만 분열형 성격장애는 정신분열증으로 진전될 가능성이 높다.

## 진단 기준 해설

**1.** 다른 사람들의 말과 행동이 자신과 관계된다는 피해망상이 있다.

분열형 성격장애가 있는 사람은 사건에 어떤 의미가 있다고 본다. 다른 사람들에게는 그가 이상해 보인다. 그는 사건을 부적절하게 해석한다. 그의 해석은 똑같은 사건을 경험한 다른 사람들의 해석과 전혀 다르다. 정상적인 사람들은 망상을 근거로 사건을 해석하지 않기 때문이다.

**2.** 하위문화의 규범과 모순되는 이상한 믿음이나 마술에 관한 생각이 행동에 영향을 미친다. 예컨대 미신에 빠지거나 투시력, 텔레파시, 육감을 믿는다. 이는 어린이와 청소년이 괴상한 상상을 하는 것과 다르다.

이 기준을 살피는 것은 '다른 사람들의 말과 행동이 자신과 관계된다는 피해망상이 있다'를 이해하는 데 도움이 된다. 분열형 성격장애가 있는 사람은 자신에게 초능력이 있다고 생각한다. 수수께끼 같은 '놀이'를 하는 것이 아니라 자기 행위에 다른 사람에게 영향을 미칠 능력이 있다고 진심으로 믿는다. 그는 자신에게 사건을 예견하는 능력이 있다고 믿기도 한다. 그는 어떤 사건이 일어난 후 자신이 그 사건을 예견했다고 말한다. 때로 그는 자신이 다른 사람들의 행동에 영향을 미치는 능력이 있다고 믿기도 한다. 그는 어떤 사건을 경험한 사람에게 자신이 그 사건을 일어나도록 했다고 말한다. 분열형 성격장애가 있는 사람은 직장 동료가 승진하면 자신이 그가 승진하도록 힘을 썼다고 말할 것이다. 더 정확히 말하면 상사에게 그 사람의 성과를 칭찬하지는 않았지만, 승진을 결정하도록 텔레파시를 보냈다고 말할 것이다.

 이런 행동은 이상하고 비정상적이므로 대인 관계에 심각한 긴장을 일으킨다. 미래의 사건을 예견하는 것, 특정 사건을 예견했다고 알리는 것, 텔레파시가 통한다고 주장하는 것 모두 사람들 눈에는 이상하게 보일 뿐이다. 결과적으로 평범한 사람들은 분열형 성격장애가 있는 사람과 접촉하거나 대화하는 것을 피한다.

미국정신의학협회는 이런 행동을 그들이 속한 집단의 하위문화(어떤 사회의 지배적 문화와 별도로 청소년이나 히피같이 특정 사회집단에서 생기고 발전하는 독특한 문화 ─ 옮긴이) 규범에 비춰 살펴봐야 한다고 말한다. 어떤 민족적·종교적 문화는 자신들에게 예언하고, 주문으로 어떤 사건을 일으키고, 손을 얹어 병을 고치고, '유체 이탈'하는 능력이 있다고 생각한다. 예컨대 부두(아프리카에서 서인도제도 아이티로 팔려온 흑인 노예들의 종교로, 북 치고 노래하고 춤추는 행위를 통해 주술적 힘을 발휘할 수 있다고 믿는다. ─옮긴이), 오컬트(과학적으로 해명할 수 없는 신비적·초자연적 현상 혹은 그런 현상을 일으키는 기술 ─옮긴이), 아메리카 원주민 같은 사람들의 문화가 그렇다. 하위문화에서는 정상적인 사람들도 모델이 되는 행동을 따르고, 약물의 영향 아래 놓이길 바란다. 결론적으로 분열형 성격장애를 진단할 때는 문화적 신념과 규범의 분석이 필요하다.

**3.** 신체상의 환각 증상을 포함해 특이한 지각 작용을 경험한다.
분열형 성격장애가 있는 사람에게는 환각처럼 보이는 증상이 있다. 이런 증상이 심해지면 정신분열증과 구별하기 어렵다. 분열형 성격장애가 있는 사람은 방에 다른 사람이 있다고 믿는다. 다른 사람들이 방에 아무도 없다는 사실을 아는데도 그는 그렇게 생각한다. 그는 다른 사람이 자신의 이름을 속삭이는 것을 들었다고 말한다. 그는 주술을 분명히 믿기 때문에 그 사건이 진짜로 일어난 것이라 여기고, 환각이라 생각하지 않는다. 그는 죽은 사람과도 대화할 수 있다고 믿는다.

점쟁이, 사주쟁이, 투시력이 있다고 주장하는 사람 모두 분열형 성격장애의 진단을 고려해야 한다. 이들이 보이는 모습은 분열형 성격장애나 정신분열증, 하위문화의 신념과 기대를 모방하는 것인가, 돈벌이를 위한 속임수인가?

**4.** 생각과 말투가 특이하다. 예컨대 주위 상황에 따라 말이 달라지거나 애매하거나 비유적이거나 장황하거나 상투적이다.

분열형 성격장애가 있는 사람은 생각과 말투가 특이하다. 미국정신의학협회는 빈번하게 요점에서 벗어나거나 조리 없이 '횡설수설하는 말'이 정신분열증의 특징적 증상이라고 규정한다. 분열형 성격장애가 있는 사람은 습관적으로 상황에 적절하지 않은 말을 한다. 그의 말은 특정 사안에 초점을 맞추고 있지만 논리가 일관적이지 않다. 그는 단순히 다른 사람들과 다른 자신의 의견을 표현하려는 것처럼 보인다. 분열형 성격장애가 있는 사람은 특정 사건에 대한 자기 의견을 은유적으로 표현하려고, 실제 상황에 대한 철학적 토론에 끼어들려고, '생각하는 바'를 말하려고 시구나 노랫말을 인용하거나 영화 주제를 언급한다.

  이와 같은 사고나 대화 방식은 다른 사람들의 눈에 그가 비정상적으로 보이게 만든다. 그 결과 친구와 동료들은 가능하면 그와 어울리는 자리를 피한다.

**5.**   의심과 피해망상에 사로잡힌다.

분열형 성격장애가 있는 사람은 다른 사람들이 자신을 피한다는 사실을 알지만, 그 이유는 알지 못한다. 따라서 동료들이 휴식 시간에 커피포트 주위에 모인 모습을 보면 그의 편집증적 사고가 시작된다. 분열형 성격장애가 있는 사람은 동료들이 자기를 모욕하고 해하려는 음모를 꾸민다고 생각한다. 분열형 성격장애가 있는 사람은 초대받지 않은 모임에서 사람들이 즐거운 시간을 보냈다는 소리를 들으면 그 모임에서 자신을 이야깃거리로 삼고 음모를 꾸몄다고 의심한다.

  사실 다른 사람들은 분열형 성격장애가 있는 사람의 비정상적이고 특이한 행동 때문에 그를 외면하는 것이다. 다른 사람들은 그를 해하려고 음모를 꾸미지 않는다. 분열형 성격장애가 있는 사람이 직장의 모임이나 사교 모임에 참석하지 않는 편이 훨씬 즐겁다는 데 동의할 뿐이다.

**6. 생각이 부당하거나 편협하다.**

일반적으로 분열형 성격장애가 있는 사람은 사교성이 부족해서, 다른 사람과 어울리는 경험을 거의 하지 못한다. 분열형 성격장애가 있는 사람의 염려는 더욱 커지고, 결과적으로 말과 행동이 상황에 맞게 나오지 않는다. 그러면 그가 비정상적이고 특이하다는 다른 사람들의 인식은 강해진다. 사람들이 분열형 성격장애가 있는 사람을 점점 더 피하고, 분열형 성격장애가 있는 사람의 피해망상도 심해진다. 하지만 분열형 성격장애가 있는 사람은 여전히 사람들이 자신을 피하는 이유를 알지 못한다.

**7. 외양이 특이하거나 행동이 비정상적이고 이상하다.**

분열형 성격장애가 있는 사람은 외양이 특이하거나 행동이 비정상적이고 이상하다. 특정 사람의 행동과 외양을 그들의 하위문화 규범과 관련지어 살피는 것이 중요하다. 10대 청소년과 청년들은 주류 문화에서 벗어난 무리에 속하고, 획일성에 대한 반발로 겉모습을 달리하려는 경향이 있다. 1960년대 히피 문화는 당시 젊은이들의 주류 사회에 대한 경멸과 순응하지 않겠다는 의지를 표명했다. 히피는 '베이비 붐 시대에 태어난 사람들'로 21세기 산업과 정치를 이끄는 지도자들이 됐다. 젊은 히피는 분열형 성격장애가 있는 사람들이 아니고, 하위문화의 규범적 행동을 보인 것

뿐이다. 마찬가지로 모든 세대에서 보이는 특이한 외양 혹은 비정상적이고 이상한 행동을 고려해야 한다.

록그룹을 따라다니는 젊은이들이나 메릴린 맨슨(Marilyn Manson)의 팬들은 검은 옷을 입고, 머리를 검게 물들이고, 손톱과 입술에도 검은 매니큐어와 립스틱을 발랐다. 21세기 첫 10여 년 동안 10대와 젊은이들에게 분열형 성격장애가 있었을까? 물론 아니다. 이들은 하위문화의 규범적 행동을 보였을 뿐이다.

결과적으로 행동과 외양이 이상하고, 직장 동료나 친구들과 어울리지 못하는 사람이 분석 대상이 된다. 분열형 성격장애가 있는 사람은 더럽고 구겨지고 몸에 맞지 않는 셔츠를 입고 출근한다. 그의 복장은 사회생활에도 적합하지 않다. 그는 구겨진 바지에 테니스화를 신거나, 줄무늬 넥타이를 매고 요란한 체크무늬 셔츠에 색과 문양이 다른 체크무늬 바지를 입은 채 결혼식장에 간다. 반대로 오후 시간에 동네 영화관에는 턱시도 차림으로 나타난다. 머리는 빗지 않고, 몸에서 씻지 않은 냄새가 나며, 여드름 난 얼굴도 치료하지 않는다.

분열형 성격장애가 있는 사람은 행동도 부적합하다. 사람들 앞에서 방귀를 뀌고 호탕하게 너털웃음을 터뜨리며, 회의 중에 코를 후비거나 엉덩이를 긁적이거나 성기를 만진다. 그의 외양과 행동은 비정상적이고 이상하다. 사람들은 그가 무례하고 불쾌하며 '기분 나쁘다'고 생각한다. 흥미로운 사실은 그러면서도 다른 사람들이 자신을 피하는 이유를 모른다는 점이다.

**8.** 가족과 친척 외에는 친한 친구나 신뢰할 만한 사람이 없다.
분열형 성격장애가 있는 사람에게 가족과 가까운 친척 외에 친구나 아는 사람이 거의 없는 이유가 쉽게 이해된다. 행동, 외모, 피해망상적 생각과 확신은 다른 사람들을 불쾌하게 만든다. 코미디 시리즈 〈괴짜들(The Nerds)〉과 영화 〈기숙사 대소동(Revenge Of The Nerds)〉을 보면 특이한 사람들이 사회집단을 형성한 예가 나오지만, 그것은 허구일 뿐 현실이 아니다.

**9.** 대인 관계에서 과도한 불안은 가까운 사람에게도 줄어들지 않고, 피해망상에 빠지는 경향이 있다.
분열형 성격장애가 있는 사람은 다른 사람들이 자신을 피한다는 사실은 알지만 그 이유는 모른다. 다른 사람들에게 소외되는 시간이 흐를수록 대인 관계에 대한 불안이 커진다. 사람들이 친해지면 대인 관계에서 불안이 줄어들게 마련이지만, 분열형 성격장애가 있는 사람은 그런 경험을 하기 어렵다.

불안은 피해망상적인 생각을 늘린다. 분열형 성격장애가

있는 사람은 다른 사람들이 자신을 피하는 이유를 살피기보다 사람들이 자신에 반대해 음모를 꾸민다고 믿는다. 자기를 반성하는 능력이 없으니 소외와 고립은 더 심해진다. 즉 부정적 판단과 관련해 자신을 살피는 데 실패하기 때문에 분열형 성격장애가 있는 사람이 고립을 자초한다.

**원인과 경과**

미국정신의학협회는 '분열형 성격장애는 가정에서 축적되고, 친부모가 정신분열증이 있는 경우 보통 사람보다 많이 발생한다'고 보고한다. 정신분열증과 분열형 성격장애의 특징인 환각이나 망상이 없는데 증상이 비슷하다면 학습된 행동일 가능성을 생각해야 한다. 정신분열증이 있는 부모가 양육한 아이는 정신적으로 건강한 부모가 양육한 아이보다 분열형 성격장애가 나타날 가능성이 높다. 그 아이는 정신분열증이 있는 부모의 행동을 보고 모방한다. 정신분열증이 있는 부모가 '주술적' 초능력에 대한 믿음을 키우도록 조장할 가능성도 높다. 그 부모는 자녀에게 초능력이 있다고 믿기 때문이다.

 정신분열증이 있는 부모는 자녀에게 미래를 예언하고 바꿀 수 있는 특별한 능력이 있다는 사실을 주지시킨다. 자녀가 초능력이 있다고 믿도록 강화하는 행동을 통해 자녀의 초능력을 믿는 부모의 망상도 커진다. 모델이 되는 행동과 조장된 믿음은 자녀에게 분열형 성격장애가 나타나기 쉽게 만든다.

분열형 성격장애가 있는 사람은 치료에 성공하는 경우가 드물고, 치료로 인해 증세가 악화되기도 한다.

**대하는 법**

분열형 성격장애가 있는 사람은 비현실적인 일에 관심이 많고 일상적인 생활이 매우 비정상적이며, 대인 관계에 서투르다. 그들은 다른 사람들이 자신을 피한다는 사실은 알지만 그 이유는 모른다. 자기중심적인 특징 때문인데, 그들을 바꾸려는 노력은 아무런 효과를 거둘 수 없고 오히려 불안과 피해망상을 초래하기 쉽다. 따라서 그들을 바꾸려고 하기보다 있는 그대로 인정하는 것이 가장 중요하다.

분열형 성격장애가 있는 사람은 비현실적이지만 의외로 창의적인 측면이 있어 주변 사람들이 이를 잘 관리하고 도와주면 보통 사람보다 뛰어난 능력을 발휘할 수도 있다. 분열형 성격장애가 있는 사람 중에 창의성이 필요한 예술 분야에서 업적을 남기는 경우가 적지 않다.

T
Y
P
E

감정적이거나 변덕스러운 성격

B

E

P

Y

T

# 04 행동장애
Conduct Disorder

## 타인의 권리나 사회적 규범을 계속 침해한다

### 시나리오 1_ 아동기에 시작

톰은 아홉 살이고 3학년이다. 톰은 반 친구들보다 한 살이 많다. 미숙하고 공격적인 행동으로 1학년 때 유급했기 때문이다. 톰은 유급한 해에 행동이 제법 어른스러워졌다. 하지만 공격적인 행동 역시 늘어났다. 톰의 공격적인 행동이 눈에 잘 띄지는 않았다. 선생님과 부모님, 다른 어른들 앞에서 공격적인 행동을 하면 제재부터 체벌까지 다양한 벌을 받는다는 사실을 깨달았기 때문이다. 공격적인 행동을 하지 않고 자기 목적을 달성하는 방법도 알았다.

톰은 이 사실을 깨닫기 전에 충동적이고 무분별하게 감정에 따라 행동했다. 다른 아이에게 화가 나면 그 아이를 때렸다. '교육상' 제약을 하는 엄마가 마음에 들지 않으면 무조건 떼를 썼다. 선생님이 꾸중해도 고집을 꺾지 않고 제멋대로 행동했다. 이런 행동은 톰이 의도하지 않은 결과를 가져왔다. 벌의 강도가 세지고 벌 받는 시간도 길어졌다. 톰은 아버지에게 손찌검을 당하기까지 목적한 바를 이루기 위해 고집 부리며 버텼다. 하지만 고집 부려 봤자 아버지에게 맞을 뿐 달라지는 것이 없음을 알고, 톰은 티 나지 않게 멋대로 행동하는 법을 배웠다.

  톰이 믿을 수 있는 '유일한' 사람은 자신이었고, 다른 사람의 감정이야 어떻든 전혀 개의치 않았다. 어떤 사람의 어머니가 암으로 돌아가셨거나 그들의 형제가 이라크에서 죽었어도 톰은 눈 하나 깜빡하지 않았다. 그런 사실이 톰에게 문제 될 리 없었다. 톰은 엄마가 암으로 죽고 아버지가 이라크에 파병되기를 바랐다. 톰의 지능은 평균 이상이다. 톰은 좋은 머리와 자기중심성을 유리한 대로 사용했다. 다른 사람의 소유를 티 나게 탐내지 않았으며, 자신이 원하는 것을 얻고 다른 사람이 가진 것을 못 쓰게 만드는 법을 배웠다. 톰은 자신 외에 아무도 믿지 않겠다고 결심했다. 계속 귀찮게 구는 부모님과 선생님을 포함한 어떤 사람보다 자신이 영리하다고 믿었다.

  톰은 주변 아이들을 포섭했고, 그들 위에 군림하기 위해 높은 지능과 잔인함을 이용했다. 톰은 자기보다 어린 아이를 때리거나, 나이 많은 아이를 무기로 때릴 때 필요 이상

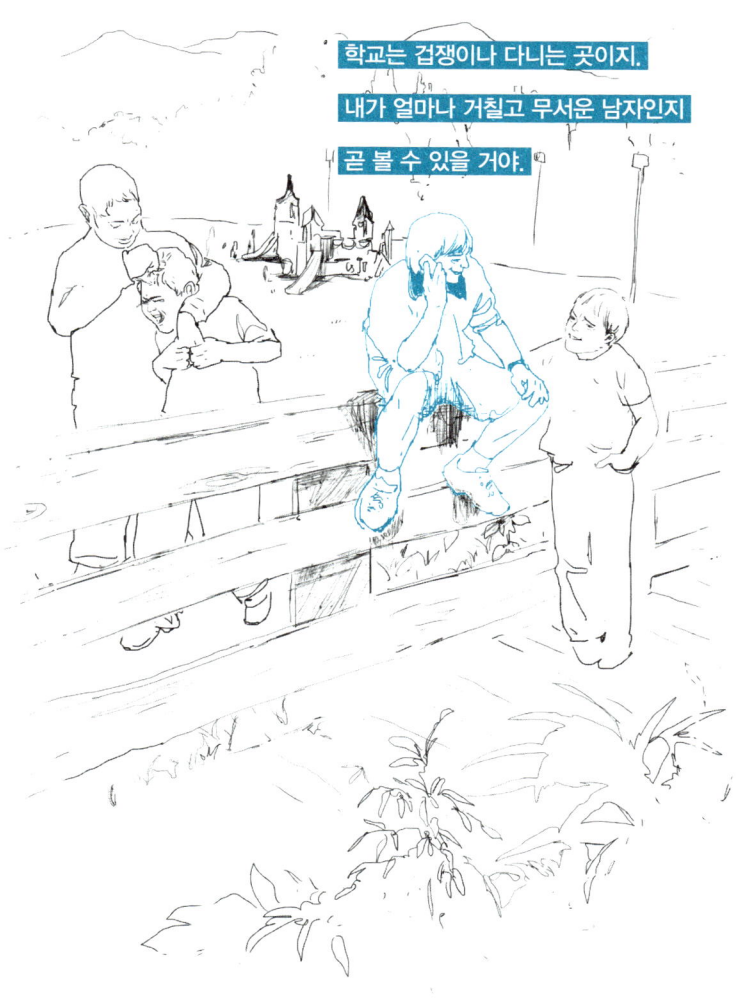

잔인함을 보였다. 톰에 대한 소문이 퍼졌다. 이에 톰은 자기가 총기를 입수했으며, 총을 몹시 사용하고 싶어 한다는 소문을 덧붙였다. 톰은 '폭력 집단' 단원들을 보디가드로 세웠다. 나이 많고 덩치는 크지만 영리하지 못한 아이들이 톰의 부하가 됐다. 톰은 아이들에게서 돈을 뺏기 위해 폭력을 쓰거나 강도짓을 할 필요가 없었다. 부하들이 톰을 대신했고, 톰은 뺏은 것을 그들에게 나눠줬다. 톰은 학교 밖에서도 활발하게 활동했다. 동네 놀이터는 톰의 세력권이었다. 아이들이 놀이터에서 놀지 않을 때면 톰은 아이들을 찾아내 돈을 뺏고, 다른 사람에게 말하면 총으로 쏴버리겠다고 협박할 정도로 영리했다. 톰이 잔인한 행동을 한다는 소문은 사실이었다. 아무도 톰의 권위에 의문을 제기하거나, 부모님이나 선생님에게 '고자질하지' 않았다.

학교는 톰의 활동 무대였다. 톰은 잘난 체하려고 헛된 노력을 했다. 그는 친구들이 보는 데서 가만히 앉아 선생님의 꾸지람을 들을 만큼 성숙하지 않았다. 톰은 선생님에게 두 번이나 "해가 들지 않는 지옥에나 가버려!"라고 말대꾸하고 교실에서 쫓겨났다. 그때 교훈을 얻었다. 선생님께 말대꾸하면 그냥 넘어갈 수 없다. 톰은 선생님의 꾸지람에 좀 더 은밀하게 복수하는 방법을 배웠다. 예를 들어 톰을 꾸짖은 선생님은 이틀 뒤 주차장에서 펑크 난 타이어를 발견했다. 선생님은 길에서 못을 밟은 모양이라고 생각했지만, 사실은 톰이 얼음송곳으로 한 짓이다.

톰은 부모님에게 혼날 상황을 교묘히 피했다. 부모님이 잠들 때까지 기다렸다가 창문을 넘어 밖으로 나왔다. 유감스럽게도 부하들은 밤중에 집을 빠져나오지 못했다. 톰은 인근 거리의 갱과 어울리기 시작했다. 초창기는 톰에게도 쉽지 않은 시간이었다. 거리의 갱은 톰을 거칠게 대하고 욕을 퍼부었다. 괴롭힘은 충분했다. 톰은 결국 갱의 가장 덩치 작은 구성원을 공격했다. 패거리에게 두들겨 맞기는 했지만, 갱의 우두머리에게 톰의 거칠고 사나운 태도를 제대로 보여주는 계기가 됐다. 갱은 톰을 '추종자'로 받아들였다. 톰은 모든 자유 시간을 갱과 함께 보냈다. 톰은 그들에게 담배와 술, 칼 사용법을 배웠다. 그들은 톰을 돈과 마약을 나르는 '하수인'으로 부렸다.

갱을 감시하던 경찰은 그들과 가까이 지내는 톰을 주목했다. 경찰은 갱에 새로운 구성원이 유입되는 것을 막기 위해 톰이 다니는 학교에 연락했다. 교장 선생님은 톰의 부모님을 만났고, 톰은 아버지에게 어느 때보다 많이 맞았다. 이제 부모님과 친척, 학교 선생님과 경찰관이 톰의 일거수일투족을 감시했다. 톰은 모든 사람이 기대하는 대로 행동을 바꿔야 했다. 사람들은 톰의 외적인 행동에 영향을 줄 수 있지만, 자기중심적인 마음가짐은 바꿀 수 없었다. 톰은 비밀리에 행동하는 법을 배웠다.

시간이 지나자 톰은 예전처럼 밤중에 부모님 몰래 나올 수 있었다. 톰은 어둠 속을 배회하며 창문이 열린 집을 찾았다. 돈을 훔치기 위해서다. 훔친 돈으로 원하는 물건을 사서 자기 방에 숨겨두고, 총을 구입하기 위해 돈을 모았다. 톰은 욕구불만이 끓는점에 도달하면 공격성을 드러냈고, 개와 고양이를 죽이는 데서 즐거움을 찾기 시작했다. 톰은 행동장애가 있다.

### 시나리오 2_ 청소년기에 시작

앨런은 아동기와 10대 초반에 지독히 고통스러웠다. 아버지는 매우 폭력적인 주정뱅이였다. 아버지가 어머니를 때리면 앨런은 구석에 웅크리고 있었다. 금요일이면 아버지는 급료를 받아 술을 마셨다. 술에 취한 아버지는 조금이라도 거슬리는 말을 들으면 어김없이 폭력을 행사했다. 아버지가 작업 중 사망했을 때 열다섯 살이던 앨런은 말할 수 없이 기뻤다.

　아버지의 죽음은 앨런과 어머니에게 새로운 세상을 열어줬다. 생명보험 약관에 따른 배액 보상과 주택 융자금 청산으로 두 사람은 가난에서 벗어났다. 새 옷을 사 온 어머니는 앨런에게 원하는 것은 뭐든 가질 수 있다고 말했다. 남편에게서 아들을 보호해주지 못하고 무능력하던 어머니는 죄책감을 씻고자 아들이 하는 대로 내버려뒀다. 앨런은 제멋대로 행동했고, 원하는 것은 모두 손에 넣었다. 앨런이 어머니에 대한 자신의 우월한 지위를 인식하기까지 그리 오래 걸리지 않았다. 앨런은 상황을 이용했다. 그는 아버지에게서 자신이 바라지만 아무도 주지 않는 것을 얻는 방법을 배웠다. 앨런은 자신이 원하는 것을 모두 가질 수 있을 만큼 어머니가 어리석다고 판단했다. 앨런은 방종이 습관으로 굳어진 채 성장했다. 가난하고 학대 받던 아이에서 이기적인 응석받이가 되면서 성격이 크게 바뀌었다.

앨런은 학업을 등한시하기 시작했고 성적이 급격히 떨어졌다. 마리화나에 손댔고, 거기서 얻는 고도의 감각적 자극을 즐겼다. 마리화나는 곧 해시시(인도 대마 잎으로 만든 마약으로 마리화나보다 훨씬 강력하다.―옮긴이)로 바뀌었고, 해시시는 다시 코카인으로 바뀌었다. 어머니는 앨런이 달라는 대로 돈을 줬지만, 그 돈으로는 약물을 사기에 부족했다. 앨런은 단순히 약물에 중독된 정도가 아니라 약물에서만 즐거움을 얻는 지경에 이르렀다. 앨런의 모든 활동은 마약을 사기 위한 돈을 충당하는 것으로 바뀌었다.

어머니가 통제해보려고도 했지만 앨런은 매일 통금 시간을 어기고 밤늦게까지 밖에 머물렀다. 앨런은 늦은 시간 거리를 배회하며 무단으로 침입해 뭔가 훔칠 만한 집이나 자동차 혹은 일거리를 찾았다. 현금이 없을 때는 처분하기 쉬운 물건이나 총기, 전자 제품을 훔쳤다. 사람이 있는 집에 침입해서 거의 체포될 뻔한 적도 있다. 사람이 있는 집은 훔칠 물건이 많을 가능성이 높은 대신 발각될 가능성도 상당했다. 앨런은 동네에서 총기를 밀매하는 사람에게 소음기가 달린 권총을 구입할 만큼 돈을 모으기까지 자동차와 빈집으로 활동 범위를 제한했다.

소음기가 달린 총은 앨런에게 날개와 같았다. 앨런은 사람이 있는 집에 침입하며 자신을 막을 것은 없다고 생각했다. 어느 날 밤, 앨런은 아무도 없는 아파트에서 개를 죽였다. 단지 흥분을 맛보기 위해서다. 앨런은 자신에게 힘이 있다는 데 즐거움을 느꼈다. 앨런은 한 번도 경찰에게 잡힌 적이 없다. 경찰에게 잡혀 총을 쐈어도 가책을 느끼지 않았을 것이다. 앨런은 사람이나 동물을 죽이는 상상을 즐겼다.

늦은 밤 거리를 배회하던 앨런은 침입할 만한지 살피려고 어느 집의 창문 안쪽을 기웃거렸다. 침대에는 젊은 여자가 자고 있었다. 덥고 습한 밤이었는데, 그 집은 에어컨 대신 선풍기를 틀고 창문을 열어놓았다. 선풍기는 나체에 가까운 여자의 몸으로 바람을 보내고 있었다. 앨런은 그동안 자신이 코카인을 대주던 젊은 여자와 성관계를 했지만, 상대의 의사를 무시한 적은 없었다. 앨런은 침대 위의 여자를 강간해야겠다고 생각했다. 선풍기가 돌아가는 소음 때문에 앨런은 발각되지 않고 안으로 들어갈 수 있었다. 앨런은 어둠 속에서 여자의 입을 막고 얼굴에 권총을 들이댔다. 그녀의 비명은 밖으로 새어 나가지 못했다. 권총을 본 여자의 얼굴에 공포가 어렸다. 앨런은 그녀를 강간하고 방을 나서며 경찰에 신고하면 돌아와서 죽이겠다고 말했다. 그녀가 주체할 수 없이 흐느끼는 동안 앨런은 그녀를 비웃었다. 앨런의 행동장애는 청소년기에 시작됐다.

## 특징과 진단 기준

미국정신의학협회는 '행동장애의 주요한 특징은 다른 사람들의 기본적 권리나 나이에 맞는 사회적 규범 혹은 규칙을 반복적이고 지속적으로 침해하는 행동 양식이다'라고 규정한다. 《정신질환 진단 및 통계 편람》 4판 텍스트 개정판에서 행동장애는 성격장애가 아니라 '일반적으로 유아기, 아동기, 사춘기에 처음으로 진단받는 장애'로 분류됐다. 이 책에 행동장애를 포함한 이유는 반사회성 성격장애와 유사한 특징과 진단 관계 때문이다. 미국정신의학협회는 반사회성 성격장애를 진단하기 위한 기준에서 '15세 이전에 행동장애가 시작됐다는 분명한 증거가 있다'고 명기한다. 다시 말해 반사회성 성격장애 진단은 행동장애 진단을 받은 뒤에 내려진다. 미국정신의학협회가 상술하는 행동장애의 구체적인 진단 기준은 다음과 같다.

**A** 다른 사람들의 기본적 권리나 나이에 맞는 사회적 규범 혹은 규칙을 반복적이고 지속적으로 침해하는 행동 양식이 다음 중 3가지(혹은 그 이상) 모습으로 12개월 동안 드러나거나, 6개월 동안 최소한 1가지 모습으로 드러난다.

### 사람과 동물에 대한 공격

1. 때로 다른 사람들을 골리거나 협박하거나 위협한다.
2. 때로 물리적 싸움을 먼저 시작한다.
3. 방망이, 벽돌, 깨진 병, 칼, 총과 같이 다른 사람의 신체에 큰 해를 주는 무기를 사용한다.
4. 사람에게 잔인한 행동을 한다.
5. 동물에게 잔인한 행동을 한다.
6. 뒤에서 습격하거나 지갑을 뺏거나 금품을 강탈하거나 무기를 들고 강도짓을 하는 등 피해자와 맞닥뜨려 뭔가를 뺏는다.
7. 강간을 한다.

### 물건의 파괴

8. 심각한 해를 주려고 고의로 방화를 저지른다.
9. 방화 이외 방법으로 다른 사람의 소유물을 일부러 망가뜨린다.

### 사기나 절도

10. 때로 집이나 건물, 자동차에 무단 침입한다.
11. 물건이나 호의를 얻고자, 책임을 회피하고자, 다른 사람에게 반대하고자 거짓말을 자주 한다.
12. 상점에서 절도하거나 서류를 위조해서 피해자와 마주하지 않고도 큰돈을 뺏는다.

### 규범의 심각한 위반

13. 부모가 허락지 않아도 밤에 집 밖에 머무르는 경우가 흔하다. 이런 행동은 13세 이전에 시작된다.
14. 부모와 함께 혹은 위탁 가정에 사는 동안 최소 2번 단기나 최소 1번 장기로 가출한 적이 있다.
15. 학교에 자주 무단결석한다. 이런 행동은 13세 이전에 시작된다.

**B** 행동장애가 사회생활이나 학업, 직장 생활에 심각한 장애를 초래한다.

**C** 나이가 18세 혹은 그 이상이라면 반사회성 성격장애 기준에 적합하지 않다.

나는 행동장애 진단을 받은 10대 수천 명을 인터뷰하고 평가해왔으며, 이들이 속한 수많은 형사 법정에서 선서를 하고 전문가로서 증언했다. 나는 이들이 보여준 특정한 행동 사례를 행동장애 진단 기준으로 제시하려 한다.

행동장애는 아동기에 시작된 유형과 청소년기에 시작된 유형으로 나눌 수 있다. 두 유형은 10세 이전에 행동장애의 기준이 되는 행동을 했느냐에 따라 나뉜다. 청소년기에 시작된 유형은 10세 이전에 행동장애의 기준이 되는 행동을 전혀 보이지 않을 수 있다. 덧붙이자면 아동기에 시작된 유형으로 행동장애 진단을 받은 젊은이들이 더 많이, 더 심한 행동을 한다.

남자와 여자 모두 행동장애가 있을 수 있지만, 남자에게 나타나는 비율이 훨씬 높고 행태가 심각하다. 이 책에서 나는 행동장애가 있는 남자의 이야기를 인용하지만, 독자들은 행동장애나 행동장애와 같아 보이는 행동이 여자에게도 나타날 수 있다는 것을 잊어선 안 된다.

### 주의 사항

행동장애 진단에 관련해 상당한 논쟁이 있다. 행동장애가 정신병인가, 사춘기 아이들이 환경에 적응하며 '수용한' 행동인가? 미국정신의학협회는 이런 논쟁을 인정한다.

예를 들어 위협, 가난, 중죄에 반응하여 방어기제로 탐탁지 않은 행동 양식을 보이는 개인에게 행동장애 진단이 내려지는 것에 관해 염려가 커졌다. 《정신질환 진단 및 통계 편람》 5판 규정에 따라 의문의 여지가 있는 행동이 사회적 환경에 대한 반응이 아니라 개인 내면의 역기능적인 징후를 드러내는 경우에만 행동장애 진단을 내려야 한다.

행동장애 진단을 받아야 하는 개인은 이런 단서가 진단을 확정하는 데 도움이 되지 않는다. 10대 아이들은 행동장애의 기준으로 나열된 행동을 많이 한다. 다른 행동보다 많이 목격되는 행동도 있다. '규범의 심각한 위반'에 나오는 전체 세부 항목은 10대가 어른이 되는 과정에서 통과의례처럼 하는 행동이다. 그렇다면 어느 때 10대의 성장 과정으로 여기고, 어느 때 병리학적인 행동으로 판단해야 할까?

이는 행동장애 진단을 하기 전에 반드시 생각해야 할 질문이다. 덧붙여 말하면 사춘기에 나타나는 정상적 혹은 이상적 행동은 개인의 환경, 환경에 대한 개인의 인식과 연결된다. 도시환경에서 범죄율을 높이는 요소는 역기능적인 행동의 정도 또한 높인다. 하지만 역기능적인 행동을 하는 젊은이를 행동장애라고 진단하는 것이 정확할까?

갱이 들끓는 마을에서 성장한 10대는 살아남고 성공하기 위해 선택할 수 있는 것이 거의 없다. 뛰어난 운동선수거나 머리가 아주 좋거나 덩치가 크지 않은 이상, 인근의 아이들을 패거리에 포함하려는 폭력적인 갱의 손아귀에서 벗어나기 어렵다. 거리의 갱은 마을의 버스 정류장 표지판 뒷면에 스프레이 페인트로 갱을 상징하는 낙서를 해 자신들의 '영역'을 표시한다. 갱은 고등학생을 패거리로 영입하는 데 열성적이다. 고등학생들은 가족이나 선생님, 갱과 관련 없는 친구들에게 강한 지지를 받지 못하는 이상 살아남으려면 반드시 갱에 참여해야 한다. 갱에 가입하라는 위협은 노골적이고 공격적이다. 갱에 가입하지 않으면 폭행당하거나 가족이 강간을 당하거나 심지어 살해될 수 있다. 차를 타고 가며 총을 쏘는 것이 살아남는 유일한 방법이다.

유감스럽게도 갱은 도시의 젊은이를 자연스레 끌어들이기도 한다. 갱은 가족이 없는 젊은이에게 물리적 표지, 예컨대 갱의 표시와 로고, 제스처, 규범을 갖춘 새로운 '가족'을 제시한다. 갱의 규범은 사회적 규범과 다르며, 대부분 형법에 위반된다. 또 갱의 구성원은 신체적·경제적 안정을 제공받는다. 갱이 영향을 미치는 지역에서 그들의 호의를 거절하고 무리에 참여하지 않는 것은 경쟁하는 갱에게서 보호받지 못한 채 남는다는 의미다. 갱의 구성원이 되면 본인과 가족은 어느 정도 보호를 받는다. 우선 총을 쉽게 구할 수 있다. 갱의 특정한 '표시'를 지니고 거들먹거리며 거리를 활보할 수 있다는 점은 젊은이들이 뿌리치기 힘든 유혹이다.

동네의 갱은 무허가 약물 판매, 도박, 매춘, 주먹 휘두르는 일을 맡는다. 갱의 구성원은 갱에 소속된 이들에게 소득을 나눠준다. 학교는 가까스로 다니기 때문에 무단결석이 잦다. 무단결석 때문에 선생님이나 학생부와 갈등하는 상황에 놓인다. 아이들은 퇴학당한 뒤 갱과 관련된 불법적인 활동으로 세금을 내지 않고 상당한 돈을 벌고 싶어 선택하기도 한다. 가족 특히 홀어머니는 어린 아들이 갱에 참여하지 않기를 바란다. 하지만 갱에 참여하지 않으면 간신히 의식주만 해결하고, 갱에 참여하면 의식주 이상을 누릴 수 있기에 아이들은 어머니의 바람대로 살기 어렵다. 갱에 참여할 기회를 초조하게 노리는 '갱의 추종자들'은 매우 위험한 행동을 하기도 한다. 이들은 갱의 활동을 보고 배우며 그들 주변에서 시간을 보낸다.

발달심리학자 앨버트 반두라는 젊은이가 어떤 행동을 배우기 위해 그것을 직접 행하지 않아도 된다고 주장한다. '갱의 추종자들'은 집단의 구성원이 하는 행동을 지켜보는 것만으로도 집단의 운영 방식을 배우고, 결과와 관련된 보상이나 대가를 이해한다. 젊은이들은 총이 있으면 거리에서 대접받고 떠받들어지며, 경제적으로도 보상받는다는 것을 배운다. 남자다움이 갱의 세계를 지배한다. 거칠수록 존중받고 대접받는다. 소득은 폭력적·공격적 행동과 직결된다. 가장 폭력적이고 공격적인 사람이 가장 비싼 차를 몰고, 가장 많은 돈을 갖고, 아가씨들이 가장 따르는 존재가 된다. 갱에 참여하도록 끄는 힘은 압도적이다. 초조하게 성인식을 기다리는 젊은이들은 앞으로 참여할 집단의 구성원이 주목할 만한 행동을 하기 쉽다. 다른 학생들 앞에서 선생님의 꾸중을 가만히 듣는 고등학생은 갱에서 무능력한 사람이다. 하지만 선생님의 말을 끊거나 선생님에게 덤비는 아이는 갱에서 떠오르는 스타로 인정받는다.

　폭력적인 환경에 놓인 젊은이들은 갱에 참여하지 않고 감내해야 할 위험을 두려워하기에 불량 청년들의 범죄행위를 수용한다. 폭행당하기 전에 폭력을 행사하고, 자기방어를 위해 무기를 소지하는 것은 살아남기 위한 예방책이다. 싸울 능력이나 의지가 없는 젊은이는 피해자가 된다. 갱이 우세한 도시환경에서 선택은 싸우거나 도망치는 것 중 하나다. 도망치는 것은 갱에 잡혀서 폭행당하기 전에 효과가 있다. 이때 젊은이들은 살아남기 위해 행동장애라 여겨질 만한 행동을 한다. 그렇다면 이들에게 정신 질환 진단을 내리는 것이 적절한가? 젊은이들은 환경에 대한 방어기제로 진단 기준이 제시하는 행동을 할 뿐이다.

　어떤 젊은이가 더는 그런 행동을 할 필요가 없는 지역으로 이사한 뒤 행동장애로 보이는 행동을 그만둔다면 그는 행동장애가 아니다. 생존을 위해 그렇게 할 필요가 없는 새로운 지역에서도 그런 행동을 한다면 그에게 행동장애 진단을 내리는 것이 옳다. 미국 대법원이 미성년자도 어른과 동일하게 법적 보호를 받을 권리가 있다고 인정한 1967년인 레 골트(In Re Gault) 판결 이전, 판사는 미성년 범죄자에게 입대하거나 감옥에 가는 것 중 하나를 선택하도록 했다. 젊은이들은 대부분 감옥보다 군대를 택했다. 행동장애가 있는 젊은이들은 결국 감옥에 갔고, 생존을 위해 그런 행동을 한 젊은이들은 군에서 성공적으로 복무했다.

 어떤 젊은이에게 행동장애가 있다고 오진하는 것은 그에게 낙인을 찍는 결과가 될 수 있다. 행동장애 진단을 받은 사람에게는 제멋대로 행동하고 구제 불능이며 위험하다는 꼬리표가 붙는다. 그는 집행유예 처분을 받기보다 소년원에 보내지기 쉽다. 연구 결과 소년원에 들어간 미성년자가 더한 범죄자가 되는 경우가 그렇지 않은 경우보다 많은 것으로 나타났다. 범죄자가 아니며 나이에 맞는 합법적인 행동을 하는 친구들은 행동장애 진단을 받은 그를 배척한다. 그는 자신과 비슷한 꼬리표가 붙은 친구들과 어울릴 수밖에 없다. 유감스럽게도 친구들 중 여럿은 진짜 행동장애가 있다. 그들은 폭력적이고 공격적이다. 평범한 친구들은 행동장애라는 오진이 내려진 젊은이를 배척하므로, 그는 새로이 자신을 받아줄 집단에서 인정받고자 한다. 새 친구 집단에서 그의 범죄행위는 빈도와 강도가 더해진다. 그는 집단에 성공적으로 안착하는 동시에, 사회에서는 평생 죄를 저지르고 결국 수감될 사람으로 낙인찍힌다.

## 진단 기준 해설

### 사람과 동물에 대한 공격

**1.** 때로 다른 사람들을 골리거나 협박하거나 위협한다.

행동장애가 있는 아이나 청소년은 동네에서, 놀이터에서 불량배다. 이들은 늘 학교 운동장에 나타나 위협하고 겁줄 몸집이 작은 아이들을 찾으며, 대개 졸개를 둔다. 자발적으로 졸개가 되려는 아이가 없으면 자신과 덩치가 비슷한 아이를 선택해서 그 아이의 뒤를 봐주고, 졸개가 대신 폭력을 행사하도록 만든다. 위협은 행동으로 시작되지 않을 수도 있다. 먼저 특정 아이에게 도시락이나 점심 값을 요구하고, 요구에 응하지 않으면 폭력을 행사한다. 머리칼의 색이나 옷이 마음에 들지 않는다고 말할 수도 있다. 이들의 목적은 다른 아이들에게 자신이 어떤 존재인지 암시하는 것이다.

불량스런 아이의 의도는 돈이나 다른 물건이 아니라 놀이터의 모든 아이가 두려워하는 '권위자'의 지위를 얻는 것이다. 그 아이는 더욱 이기적으로 순전히 자신의 즐거움을 위해 다른 아이들을 괴롭히며, 피해자를 염려할 줄 모른다.

피해자는 자신의 지배 체제를 형성하기 위해 밟고 올라갈 계단일 뿐이다. 몸집이 작은 아이는 오늘 그가 자신에게 가혹한 요구를 할지도 모른다는 끊임없는 두려움 속에 지낸다. 불량배의 행동에 굴복한 아이는 계속 괴롭힘을 당하는 희생양이 된다.

괴롭힘은 초·중·고교에서 주목하는 사안이다. 해마다 상당히 많은 중·고생이 끊임없는 괴롭힘 때문에 자살한다. 천부적으로 지능이 높지만 사교성이나 외모 혹은 운동 능력이 부족한 아이와 청소년은 모욕적인 언어, 물리적인 괴롭힘과 위협을 당하기 십상이다. 아이비리그에 전액 장학금을 받으며 입학한 중서부 지역의 한 고등학교 졸업생 대표가 학교 주차장에 세워둔 자기 차 안에서 권총으로 자살했다. 자살한 시각은 졸업식이 시작되기 직전이었다. 그 학생은 사각모자를 쓰고, 졸업 가운을 입고, 가운과 모자에 전국우수학생회(National Honor Society : 학문, 지도력, 봉사, 성품이 우수한 중·고생으로 구성된 단체)의 회원임을 나타내는 줄을 달았다. 그는 학창 시절 내내 불린 것처럼 자신이 '얼간이'고, 모든 사람이 그 사실을 확신하기에 졸업생 대표로 고별 연설을 할 수 없다는 메모를 남겼다. 이는 미국에서 흔한 일이다.

행동장애가 있는 청소년은 다른 아이들을 괴롭히고 굴욕을 주는 일을 주도하고, 많은 아이가 이에 동조한다. 피해를 당하는 학생은 교실에서 괴롭힘에 대한 질문에 답하기를 꺼리고, 이 사실을 학교에 알리기를 두려워한다. 괴롭힘을 학교에 알리는 것은 더욱 심한 괴롭힘이나 심지어 폭력을 초래하기 때문이다.

**2.** 때로 물리적 싸움을 먼저 시작한다.

행동장애가 있는 아이나 청소년은 보통 싸움을 건다. 그는 상대방의 공격에 방어하려는 게 아니라 싸움을 시작할 구실을 찾는 것이다. 그는 방어 능력이 부족한 희생양을 선택한다. 그는 약한 사람에 대한 첫 공격을 비밀리에, 빠르게 행한다. 공격당할 것을 생각지도 못한 희생양은 첫 공격으로 고통 받으며 불리한 위치에 선다. 희생양은 제대로 방어할 능력이 없기에 고스란히 당한다.

　이유 없는 싸움에서 행동장애가 있는 아이나 청소년이 보이는 가장 흔한 행동은 강펀치를 날리는 것이다. 희생자가 고통을 추스르기도 전에 셔츠나 스웨터를 당겨서 이어지는 주먹질을 보지 못하게 만든다. 이것은 싸움이라기보다 폭행죄로 다뤄야 할 정도다. 행동장애가 있는 아이나 청소년이 이렇게 하는 이유는 두 가지다. 첫째, '거칠다'는 평판을 받기 위해서다. 둘째, 희생자를 때리며 큰 즐거움을 얻기 때문이다.

**3.** 방망이, 벽돌, 깨진 병, 칼, 총과 같이 다른 사람의 신체에 큰 해를 주는 무기를 사용한다.

지난 20년 동안 무기를 사용한 폭행은 다반사였다. 현재 총은 특히 선호하는 무기다. 1950~1960년대 젊은이들은 몸싸움을 할 때 손가락에 끼는 쇳조각, 주먹 쥔 손에 든 동전 다발, 칼을 무기로 사용했다. 하지만 권총이 확산함에 따라 무기가 완전히 바뀌었다. 오직 총이다. 행동장애가 있는 아이나 청소년은 총을 소지한다. 컬럼바인고등학교 총기 사건이 일어나기까지 학교 입구에서 금속 탐지기를 사용하지 않았지만, 몇 년 전부터 갱이 득세한 고등학교에는 금속 탐지기를 두고 있다.

행동장애가 있는 아이나 청소년은 '남자다움'을 과시하고 다른 아이들을 위협하려고 더 힘센 아이들과 대결하며, 자신을 보호하려고 총을 소지한다. 총싸움과 비교하면 몸싸움은 드문 편이다. 사용할 의향이 있고 사용할 준비도 돼서 총을 소지하기 때문이다. 그는 주먹질이나 칼부림에 의지하지 않고 총을 꺼내 사용한다. 갱도 자동무기를 입수하는 데 성공했다. 그들은 '차를 타고 가며' 무고한 행인뿐만 아니라 경쟁 관계에 있는 갱에게 총을 쏜다.

갱에 가입하려면 이번 기준에 따른 행동이 중요하다. 갱에 가입하기 위해 보통 '폭력적' 의식이 필요하기 때문이다. 이 의식에는 두 가지가 포함된다. 첫째, 가입자는 종전

구성원들의 폭력을 견뎌야 한다. 둘째, 가입이 허락되려면 희생자의 피를 봐야 한다. 무고한 희생자에 대한 폭력은 갱에 가입하는 과정에서 흔히 벌어지는 일이다. 갱에 가입하려는 사람이 쇼핑몰에서 쇼핑을 마치고 자동차로 돌아가는 여자에게 칼을 휘두르며 폭력을 행한 사례가 수백 건에 이르는 것도 이 때문이다.

**4. 사람에게 잔인한 행동을 한다.**

행동장애가 있는 아이나 청소년은 고의로 다른 사람에게 잔인한 행동을 한다. 자기만족을 위해 다른 사람에게 고통을 주는 것이다. 이들은 싸움에서 이기기 위해 필요 이상 주먹질을 한다. 상대방의 갈비뼈를 부러뜨리려고 발길질을 하거나, 손가락을 부러뜨리려고 손을 짓밟는다. 그는 이런 데서 기쁨을 찾기에 잔인하고 가학적으로 행동한다. 다시 말해 이런 행동이 그들의 심리적 욕구를 채운다.

그는 싸우는 상대방에게 한없이 잔인하다. 그는 어린 동생이나 어머니처럼 약한 어른에게 신체적으로 잔인한 행동을 한다. 어린 동생이 아파서 울음을 터뜨릴 때까지 꼬집고, 머리칼을 잡아당기고, 목을 조른다. 그는 희생당하는 동생의 안전을 염려하거나 동생이 어떻게 느낄지 생각하지 않는다. 그는 희생자를 놔주며 웃는다. 여기서 그가 희생자에게 고통을 줌으로써 기쁨을 찾는 것을 알 수 있다.

**5.** 동물에게 잔인한 행동을 한다.

이는 초기에 행동장애가 있음을 알 수 있게 하는 지표다. 이런 행동은 보통 아동기에 시작된 행동장애에서 나타난다. 동물에 대한 잔인한 행동은 청소년기가 되면 다른 사람을 향한 공격성으로 바뀐다. 동물에게 잔인한 행동을 하는 모습은 쉽게 관찰되며, 큰 의미가 있다.

잔인성은 계획적이고 반사적이다. 행동장애가 있는 아이가 강아지나 새끼 고양이의 뒷덜미를 잡았는데 할퀴거나 물면 그 아이는 동물을 벽에 내동댕이치거나 목을 부러뜨리거나 방 저편으로 차버릴 것이다.

계획적인 잔인함은 그 행동에서 더 큰 기쁨을 누리는 것을 보여준다. 계획적인 잔인함의 예는 수없이 많지만, 독자에게 행동장애가 있는 아이나 청소년의 잔인한 본성에 대한 통찰력을 줄 예는 거의 없다.

- 고양이가 담긴 자루를 호수나 차량이 많은 고속도로에 던진다.
- 고양이 두 마리를 잡아서 짧은 끈으로 두 고양이의 꼬리를 묶는다.
- 고양이 꼬리에 폭죽을 매단다.
- 새끼 고양이나 강아지를 투견이 있는 뜰에 던진다.
- 심하게 짖는 옆집 개를 독살한다.

**6.** 뒤에서 습격하거나 지갑을 뺏거나 금품을 강탈하거나 무기를 들고 강도짓을 하는 등 피해자와 맞닥뜨려 뭔가를 뺏는다.

행동장애가 있는 청소년은 강도짓을 할 때 상대방을 마주한다. 공포에 질린 피해자를 보며 큰 만족을 느끼기 때문이다. 이 행동은 매우 위험하다. 행동장애가 있는 청소년은 이런 행위를 통해 본인과 다른 사람에게 자신의 용감무쌍함을 드러낸다. 그러면서 자신이 '남자답다'는 인식이 강화된다.

그는 빈집에 무단 침입했을 때 주인과 마주칠까 봐 서두르지 않는다. 행동장애가 있는 청소년의 목적은 피해자에게 두려움과 공포를 주는 것이다. 그에게는 물건을 빼앗는 것보다 피해자를 겁주는 데서 얻는 심리적 만족이 중요하다. 그의 자기중심성은 발각되고 체포되고 유죄판결 받을 가능성을 무시한다. 허리띠에 꽂아둔 권총은 희생자의 예상치 못한 반응에서 그를 보호해줄 뿐만 아니라, 희생자가 더욱 두려워하도록 만든다.

**7.** 강간을 한다.

이 기준은 다른 사람에게 감정이입이 되지 않고 다른 사람을 염려할 줄 모르는 행동장애의 특징을 보여주는 예다. 행동장애가 있는 청소년은 상대와 합의하지 않고 성행위를 한다. 자기애성 성격장애를 진단받는 청소년과 달리 행동장애가 있는 청소년은 강제로 성행위를 한다. 이들은 다른 사람 위에 군림하고 지배하는 데서 즐거움을 얻기 때문이다. 잔인하고 폭력적인 행동을 하는 경향이 있는 사람은 성욕을 채우기 위해 폭력이나 무기도 사용한다.

이 기준의 심리적 본질은 다른 사람과 맞닥뜨려 강도짓을 하는 것과 유사하다. 피해자가 가해자를 볼 수 있지만, 가해자가 주는 공포는 보복에 대한 두려움으로 피해자가 신고하지 못하도록 만든다. 행동장애가 있는 젊은이는 성욕을 충족하기보다 힘, 지배, 폭력에 대한 피해자의 공포를 보는 데서 큰 즐거움을 얻는다. 성적인 흥분은 순간이지만, 피해자가 공포에 질린 기억은 오래 지속된다. 그 기억에서 얻는 쾌감 때문에 문제적 행동이 심해진다.

행동장애가 있는 젊은이가 강간을 하고 처벌받지 않으면 결국 연쇄 강간범이 된다. 성적인 흥분은 즐거운 경험이고, 다른 사람을 지배하는 행위는 중독성이 있다. 그는 피해자의 고통을 괘념치 않기에 체포되어 유죄판결 받기까지 유사한 일을 반복한다.

### 물건의 파괴

**8.** 심각한 해를 주려고 고의로 방화를 저지른다.

이 기준과 관련해 방화를 저지르는 여러 가지 동기를 생각해봐야 한다. 어떤 젊은이들은 성도착 때문에 방화를 저지른다. 그들은 방화를 하며 반복적으로 강렬하게 성적인 자극을 받는다. 방화를 저지른다고 해서 이들에게 행동장애나 반사회성 성격장애가 있는 것은 아니다.

  행동장애가 있는 사람은 물질적·경제적으로 심각한 해를 주려고 방화를 저지른다. 보복 행위로 방화를 이용하기도 한다. 예컨대 행동장애가 있는 학생은 학교에서 자기를 꾸짖은 선생님의 집이나 주인이 자기를 강제로 쫓아낸 상점, 옛 애인의 새로운 연인의 차를 방화할 수 있다. 방화는 발각되지 않으면서도 응징이 가능하다. 방화는 경제적으로 큰 손실을 안길 뿐만 아니라 집이나 가게, 차에 있던 사람에게도 해를 끼칠 수 있다. 행동장애가 있는 청소년은 경제적 손실과 불편을 초래한 것을 즐기고, 그 때문에 다른 사람이 해를 당해도 괘념치 않는다. 그는 희생자가 어떻게 느낄지는 염려치 않는다. 이 일을 디저트 정도로 생각한다.

  행동장애가 있는 청소년도 어떤 이득을 위해 방화를 저지른다. 돈을 받는 대가로 빌딩을 불태우겠다고 계약했기 때문에 방화를 한다. 방화로 무너진 건물에서 보험금을 받아내려는 개인은 보통 자기 손으로 건물을 불태우거나 그런 일에 연루되기를 원치 않는다. 방화는 큰일이다. 범죄 조직은 방화할 젊은이를 적극적으로 찾는다. 젊은이들은 상당한 돈 때문에 이런 계약을 받아들인다. 건물주가 드러나지 않아야 하므로 계약은 여러 단계를 거친다. 계약에 참여한 젊은이들은 체포되면 미성년으로서 최소 형량을 받는다는 사실을 안다. 계약에 계약자를 연루되지 않게 하면 구류에서 풀려난 뒤 추가로 돈을 주겠다는 '달콤한' 조항이 포함된다. 이를 통해 다른 사람을 연루되게 하면 죽이겠다는 명기하지 않은 조항의 효력도 강화된다.

청소년은 '재미'로 방화를 저지르기도 한다. 수년 동안 디트로이트에서는 핼러윈 전날 밤 수백 건에 이르는 방화가 일어났다. 청소년 갱이 방화 수백 건을 저지르며 도시를 배회한다. 2005년 허리케인 카트리나 이후 뉴올리언스에서 목격된 바에 따르면, 시민 소요나 자연재해 기간에 행동장애가 있는 청소년도 이런 일을 저지른다.

마지막으로 행동장애가 있는 청소년은 다른 범죄를 은폐하거나 다른 범죄를 저지르는 동안 경찰관의 주의를 '분산'하려고 방화를 저지른다. 살인이나 주거침입, 절도는 방화로 교묘하게 은폐된다. 행동장애가 있고 지능이 높은 청소년은 이런 목적으로 흔히 방화를 저지른다. 이들은 방화를 수단으로 암암리에, 더욱 심하게 보복한다. 그 결과 발각될 가능성은 현저히 줄어든다.

**9.** 방화 이외 방법으로 다른 사람의 소유물을 일부러 망가뜨린다.
행동장애가 있는 아이나 청소년은 피해자를 불편하게 만들고자 그들의 소유물을 부순다. 이렇게 하는 동기는 보복이나 분노, 질투일 수 있다. 행동장애가 있는 아이를 반 아이들 앞에서 혼낸 선생님은 어느 날 자동차 타이어가 펑크 난 것을 볼 수도 있다. 행동장애가 있는 아이에게 나가라고 말한 상점 주인은 다음 날 벽돌로 깨진 진열장 유리를 발견할 수도 있다.

으스대던 신형 벤츠 주인은 안테나가 꺾였거나 문짝이 긁혔거나 스프레이로 한 낙서를 발견할 수 있다. 행동장애가 있는 젊은이는 탐내는 마음 때문에 다른 사람의 소유물을 부수기도 한다. 학교 대표 팀이라는 글자가 새겨진 점퍼를 받을 능력이 되지 않기에 자격이 되는 학생들이 받은 옷을 입지 못하게 만든다. 행동장애가 있는 젊은이는 희생자가 어떻게 느낄지 생각하거나 걱정하지 않는다.

### 사기나 절도

**10.** 때로 집이나 건물, 자동차에 무단 침입한다.

행동장애가 있는 젊은이는 다른 사람의 집이나 건물, 자동차에 무단 침입하여 남의 권리를 침해하는 일을 주저하지 않는다. 다른 사람의 소유물이라는 사실이 아니라 거기에서 무엇을 훔칠 수 있을까 하는 것이 중요하다. 사람이 있는 집에 무단 침입하는 경우 피해자는 더욱 위험해질 수 있다. 모든 청소년은 충동적이다. '남자답다는 과시욕'과 다른 사람에 대한 무심함, 청소년의 충동성이 결합되면 무단 침입한 집에 있는 사람이 위험에 빠진다.

  행동장애가 있는 청소년은 무단 침입할 집을 신중하게 선택하지 않는다. 집주인이 있는지 알지도 못하고, 상관도 없다. 더 나아가 집주인과 마주칠 가능성은 행동장애가 있는 청소년을 흥분시킨다. 집주인과 맞서면 허리춤의 권총으로 자신을 보호할 것이다. 행동장애가 있는 젊은이는 집주인과 마주치기를 바란다. 이로 인해 더해진 긴장은 그에게 자극제다. 그는 사람이 있는 집에 무단 침입하고, 살인할 기회를 기다린다.

**11.** 물건이나 호의를 얻고자, 책임을 회피하고자, 다른 사람에게 반대하고자 거짓말을 자주 한다.

병적인 거짓말은 행동장애가 있는 사람의 주된 특징이다. 진실을 말하는 것이 자신에게 유리한데도 행동장애가 있는 아이나 청소년은 거짓말하기 일쑤다. 거짓말의 성공 여부는 아이나 청소년의 지능, 연령, 성숙함과 직결된다. 지능과 연령이 높고 성숙할수록 거짓말은 정교하고 치밀해진다. 그는 어떤 행동에 대해 변명하거나 원하는 것을 얻으려고 거짓말한다. 행동장애가 없는 아이나 청소년 역시 거짓말한다는 특징이 있지만, 행동장애가 있는 이들과는 정도의 차이가 크다.

**12.** 상점에서 절도하거나 서류를 위조해서 피해자와 마주하지 않고도 큰돈을 뺏는다.

이 기준 역시 지능, 연령, 성숙함과 직결된다. 어리고 지능과 성숙함이 모자란 청소년일수록 거의 계획 없이 도둑질한다. 이들은 침입하려는 가게의 경비원이나 감시 카메라에 관해 세밀히 조사하거나 치밀하게 준비하지 않기 때문에 쉽게 체포된다.

행동장애가 있는 나이 들고 성숙하며 영리한 청소년은 절도와 위조에 성공하기 위해 전략을 세운다. 이들은 절도를 하며 고객인 척 주문서를 작성하기도 한다. 이들은 모든 방범 조치를 피하기 위해 치밀한 계획을 세운다. 이들은 범행 장소를 '미리' 답사해 어떤 방범 조치가 취해지는지 눈으로 살피고, 귀를 기울인다. 이들은 "13번 통로를 청소해주세요"와 같은 안내 방송이 사실은 13번 통로 부근에서 절도가 발생했다고 사복 경비원에게 알리는 것임을 안다. 이들은 치밀해서 의심을 살 만한 장소로 유인할 사람을 보내고, 멀찍이 서서 안내 방송이 나오기를 기다렸다가 사복 경비원의 모습을 확인하기도 한다. 이들은 방송에 나오는 통로 주변도 파악한다. 다음 날 유인하는 역할을 한 사람과 함께 돌아와 절도하려는 물건에서 먼 장소에 그를 머물도록 한다. 이들은 방송이 나오기를 기다려서 경비원이 대응하는 동안 발각되지 않고 절도한다. 그리고 감시 카메라가 없는 장소를 통해 가게에서 빠져나온다.

지폐를 위조하려고 시도한 청소년은 결국 연방 교도소로 갈 수밖에 없다. 위조지폐 만들기는 불가능한 일이기에 행동장애가 있는 나이 들고 성숙하며 영리한 청소년도 이 일을 시도하지 않는다. 하지만 이들은 다른 형태의 위조에 매우 능하다. 유명 음악 그룹이 순회공연한다는 소식에 영리한 청소년이 행동을 시작했다. 그는 매표소가 문을 여는 시각에 도착해 가장 비싼 좌석 티켓을 두 장 샀다. 그는 곧바로 가까운 문구점에 가서 티켓과 색이나 무게가 동일한 종이를 산 다음, 티켓 두 장을 컴퓨터로 스캔하고 수십 벌을 출력했다. 그는 인근의 고등학교와 대학교에 다니며 자신이 공연에 참석할 수 없다고 티켓을 반값으로 팔았다. 그는 수백에서 수천 달러를 챙겨 지역을 떠났다. 공연 날, 동일한 좌석을 차지한 50명이 도착했다. 이들은 모두 행동장애가 있는 영리하고 성숙한 청소년에게 '사기'당했다.

### 규범의 심각한 위반

**13.** 부모가 허락지 않아도 밤에 집 밖에 머무르는 경우가 흔하다. 이런 행동은 13세 이전에 시작된다.

**14.** 부모와 함께 혹은 위탁 가정에 사는 동안 최소 2번 단기나 최소 1번 장기로 가출한 적이 있다.

**15.** 학교에 자주 무단결석한다. 이런 행동은 13세 이전에 시작된다.

미국정신의학협회는 이 3가지를 행동장애 여부를 결정하는 특징으로 선택했다. 3가지 행동은 사춘기 학생과 부모가 학대하거나 방치하는 이들에게서도 보이는 특징이다. 이 3가지 행동을 한다고 행동장애가 있는 것은 아니다. 단지 사춘기일 수도 있다. 이 사실은 의미가 있다. 앞서 행동장애의 특징과 진단 기준에서 말했듯 '예시된 행동 가운데 3가지(혹은 그 이상) 모습이 보여야' 한다. 결론적으로 아이나 청소년이 13~15번 행동을 모두 보이면 행동장애 진단을 받을 수 있다.

행동장애 진단을 받은 아이는 지속적으로 이 3가지 행동을 하지만, 반대되는 상관관계는 옳지 않다. 이런 행동은 사춘기에도 내재한다. 나는 이런 기준이 행동장애의 진단 기준임을 거부한다. 미국의 청소년 전체를 상대로 조사하면 거의 대부분 3가지 가운데 적어도 하나를 행한 적이 있을 것이다.

이런 행위는 본질적으로 범죄가 아니지만 다른 기준에서는 범죄다. 이런 행위를 '비행(非行)'이라 부른다. 대다수 주(州)의 보호관찰법은 이런 행동을 비행이라 규정하지만, 형법에는 포함되지 않는다. 불법행위지만 '미성년'이기 때문이다. 미성년의 나이는 주에 따라 다르다. 결과적으로 청소년이 이런 행위를 하면 어떤 주에서는 비행이라 청원할 수 있지만, 그 나이를 어른으로 여기는 인근의 다른 주에서는 비행으로 선고받을 수 없다.

   1~12번과 13~15번의 차이는 중요하다. 1~12번 행동을 보이는 아이나 청소년은 행동장애 진단을 받을 수 있지만, 13~15번 행동을 보이는 아이나 청소년은 추가적인 평가를 통한 뒤에야 행동장애 진단을 받을 수 있다.

### 원인과 경과

행동장애의 원인은 주의 사항에서 논했다. 앞서 말했듯이 행동장애의 정확한 정신의학적 진단을 위해 검사와 평가가 필수적이다. 청소년에게 잘못된 진단이 내려지면 파장이 크다. 청소년의 정상적인 삶을 박탈당하는 문제와 더 나이 든 집단의 범죄행위에 연루되는 문제가 흔하다. 적대적인 환경에서 살아남고 성공하기 위해 행동장애의 문제적 행동을 받아들인 젊은이는 환경적 요인이 바뀌면 새로운 사회적 행동을 수용한다. 하지만 행동장애라는 오진이 내려진 젊은이는 가족과 함께 새로운 환경으로 이주하더라도 부적절한 진단의 영향 아래 놓인다. 행동장애 문제가 언급된 생활기록부는 영구 보존돼 이주한 지역의 학교로 전달된다. 새로운 학교 사람들은 눈에 보이는 행동 양식 대신 잘못된 진단에 따라 그를 대한다. 그는 감정적·정서적으로 심각한 문제가 있는 특수학급이나 행동에 문제가 있는 청소년을 위한 특수학교에 배정될 것이다. 그는 정상적 청소년 무리에 속하기보다 정말 행동장애가 있는 아이들 무리의 적대적 환경으로 돌아간다. 그는 환멸을 느끼고 정상적인 삶을 박탈당해, 범죄에 빠질 가능성이 더 높아진다.

행동이 성숙하지 않다는 이유만으로 행동장애 진단을 받는 아이들도 있다. 이는 로버트 D. 헤어(Robert D. Hare)의 성숙 지체 가설(Maturation Retardation Hypothesis)과 일치한다. 사춘기에 두뇌 발달이 억제되다가 사춘기 후반에 두뇌가 발달하면서 행동장애의 특징적 행동이 줄어든다. '행동장애가 있는 많은 사람, 특히 사춘기에 시작된 사람들과 증세가 거의 없거나 온건한 많은 사람은 어른으로서 적절하게 사회와 직업에 적응한다.'

대조적으로 미국정신의학협회는 '일찍 시작된 유형은 더 악화되는 상황이 예측된다. 이들은 어른이 돼서 반사회성 성격장애, 약물 관련 장애로 발전할 위험이 높다. 행동장애가 있는 개인은 나중에 기분장애, 불안장애, 신체형장애, 약물 관련 장애를 앓을 위험이 높다'고 규정한다.

이 장을 마치며 앞 단락에서 묘사한 어른의 장애 원인을 따지는 사람도 있을 것이다. 이 의문은 '닭이 먼저냐, 달걀이 먼저냐?'와 같다. 청소년기에 행동장애 오진이 내려진 젊은이는 그 때문에 어른 장애로 진전되는가?

**대하는 법**

행동장애는 반사회성 성격장애를 진단하는 데 중요한 조건이다. 따라서 아동·청소년기에 보이는 행동장애는 조기에 발견하고 전문가의 도움을 받아 적극적으로 치료하는 것이 대단히 중요하다. 치료는 행동장애가 있는 사람의 개인 치료도 중요하지만, 부모 훈련과 가족 치료가 동반돼야 효과를 거둘 수 있다. 성격장애가 있는 아이는 자존감이 낮기 때문에 부정적인 태도보다 차분하고 중립적인 태도로 대하는 게 바람직하다.

## 05 반사회성 성격장애
### Antisocial Personality Disorder

# 타인의 권리를
# 과도하게 무시하고 침해한다

**시나리오 1**

강간당한 젊은 여자가 경찰에 신고했고, 앨런은 체포됐다. 재판 결과 앨런은 무단 침입과 강간에 대한 유죄판결을 받았다. 앨런은 나이 때문에 청소년 범죄자로 8년간 복역하도록 선고받았다. 카운티 교도소에서 6개월간 지낸 뒤 나머지 기간 복역을 위해 주 교정국으로 넘겨졌고, 주립 소년원에 배정됐다. 소년원은 15~25세 범죄자 1500명을 수용하는 중간 규모 보안 시설이다. 흑인은 미국 전체 인구에서 20퍼센트로 소수지만, 형무소에 수감된 사람 가운데 60퍼센트가 흑인이다. 체구가 작은 백인 앨런에게 유리하지 않은 상황이 분명했다.

앨런은 2주간 수용 시설에 머물렀다. 정신감정을 통해 그가 양심의 가책을 느끼지 않을 뿐만 아니라 지능이 상당히 높다는 사실이 드러났다. 앨런은 무리 없이 반사회성 성격장애 진단을 받았다. 이에 더해 노련한 임상심리학자에게서 사이코패스(반사회성 성격장애가 있는 사람─옮긴이) 혹은 소시오패스(비사회적 정신병 환자, 즉 사회 환경에 적응하지 못하고 이상 증세나 병적인 정신 증세를 보이는 환자─옮긴이) 진단도 받아야 했다. 앨런은 자기가 저지른 행동에 양심의 가책을 느끼지 않았고, 피해자가 어떤 심정일지도 생각하지 못했다. 앨런은 매우 이기적이어서 자기가 좋다고 여기는 것을 하려고 했다. 세상은 자신이 내키는 대로 해도 되는 곳이다. 앨런은 '적대적' 성향을 보이고, '모두 재수 없다'는 자세로 수용 시설에서 나갔다.

소년원에서 앨런의 '평판'은 기대에 미치지 못했다. 앨런은 자신에 대한 소문이 퍼졌기를 기대했지만 착각이었다. 새로운 '먹잇감'에 주린 수감자 1500명이 그를 맞았다. 앨런은 24시간 안에 소년원 내 갱에 가입하고 한 갱에게 강간당할지, 다양한 갱에 속한 수감자들에게 강간당할지 결정해야 했다. 앨런은 백인 갱을 선택했고, 그 갱에 속한 구성원들에게 강간당했다. 소년원 담장 '안에서' 목숨은 부질없었고, 앨런은 상황에 적절하게 적응했다. 앨런은 칫솔과 침대 스프링으로 칼을 만들어 자기 것임을 표시했다. 공격당하느니 죽이는 게 나았다. 앨런은 폭력과 살인으로 소년원

'안에' 자기 왕국을 세웠다. 앨런은 자기가 저지른 행동을 후회한 적이 없었다. 잠 못 이루는 밤도 없었다. 모두 앨런의 무정함, 잔인함, 점점 더 수위가 높아지는 자극적 요구를 두려워했다. 앨런은 이 '싸움꾼 집단'의 우두머리로 군림했으며, 아무도 두려워하지 않았다.

4년 뒤, 앨런은 '선행'을 이유로 가석방됐다. 앨런의 행동은 선하지 않은 게 확실했지만, 교도관을 속이는 그의 능력은 탁월했다. 앨런은 뛰어난 머리로 교도관과 따로 이야기할 상황을 만들고 성과 이름, 주소, 가족 등 사적인 정보를 말하도록 이끌었다. 앨런은 '담장 밖' 연줄을 이용해 교도관의 가족을 찾아내고 사진을 찍도록 했다. 앨런은 추호도 의심하지 않는 교도관에게 가족의 사진을 보여줬고, 교도관은 가족이 위험에 빠졌다는 두려움 속에 사진을 받아 주머니에 넣었다. 그는 앨런의 수감 생활이 매우 훌륭하다고 기록했고, 앨런은 모범수로 가석방됐다.

앨런은 감옥에서 나오자마자 가석방 담당관에게 거주지와 직업을 보고했다. 담당하는 가석방자의 수가 엄청나서, 담당관은 도주한 가석방자를 잡는 데 모든 시간을 썼다. 이런 상황을 파악한 앨런은 조심성 있고 규칙을 잘 따르는 전과자인 척 행동했다. 하지만 앨런은 뒤에서 보복하고, 강도짓을 저질렀다. 앨런이 범인이라고 증언한 젊은 여자는 불가사의하게 실종됐다. 앨런은 덜 영리한 전과자들의 명단을 들고 여러 가지 복수를 준비했다. 그는 소년원에서 축적한 지식을 이용해 여러 번 큰 건에 적용했다. 앨런은 돈을 훔치고 사람들을 살해했다. 앨런은 자기가 저지른 행동 때문에 불면증을 겪지 않았고, 오히려 그런 행동에서 얻는 이득을 즐겼다. 자신이 법 집행관보다 똑똑하다는 착각에 빠져 조심성이 없었고, 결국 은행 강도로 체포됐다. 앨런은 여러 가지 중죄가 밝혀져 감형 없는 종신형을 선고받았다. 앨런은 반사회성 성격장애가 있다.

## 시나리오 2

범죄자 키스의 세상은 무너졌다. 판사는 배심원들에게 감사를 전하고, 키스와 변호인에게 한 달 뒤 판결을 내리겠다고 말했다. 변호인은 2000달러짜리 양복을 입고 400달러짜리 로퍼를 신은 키스에게 수갑이 어울리지 않는다며, 항소기간 동안 보석금을 받고 키스를 석방해달라고 판사에게 요청했다. 변호사의 요청은 거부당했고, 키스는 판결을 기다리는 동안 연방 교도소에 구류됐다.

키스는 사기, 횡령, 절도로 유죄판결을 받았다. 각 주의 법에 따른 형량을 합하면 키스는 최대 60년 동안 복역할 것이다. 키스는 판사의 선고가 내려지는 순간까지도 무죄판결을 받으리라 확신했다. 그는 10대 후반부터 법에 어긋난 행동을 했다. 키스는 자신이 친구들보다 지능이 뛰어나다는 사실을 안 초창기에 원하는 일은 무엇이든 친구들이 하도록 조종했다.

고등학생과 대학생 때 키스는 심각한 범죄자가 아니었지만, 늘 불법과 합법의 경계를 넘나들었다. 키스는 자기 행동을 억제할 수 있는 나이가 됐고 충분히 영리했다. 그는 정도에 어긋나는 행동은 하지 않았다. 자기 입장을 고수하며 교묘하게 화를 분출하고, 다른 사람들에게 기꺼이 해를 끼쳤다. 키스는 학교에 다니는 동안 선생님과 행정 관리자들을 속였다. 수업에 빠지거나 문제가 있다고 여겨질 행동은 하지 않았지만, 학교생활이 우수하지도 않았다. 그는 대학에 입학할 수 있을 정도로 평점을 유지했다.

키스는 이목을 끄는 불법행위가 무엇인지 알았고, 그런 행위를 멀리했다. 그는 약물을 팔거나 소지하기를 거부했고, 술은 적당히 마셨다. 자동차 경주나 음주운전을 하지 않았고, 차를 개조해서 경찰의 관심을 끌지도 않았다. 거리에서 배회하거나 나이를 속이고 술집에 출입하지도 않았다. 깡패 짓을 하는 갱이나 요란하게 행동하고 비난받는 또래 남자아이들과 어울리지도 않았다. 키스는 모든 사람에게 친절했지만, 아무도 그를 제대로 알지 못했다. 키스는 믿거나 가까운 친구가 없었고, 규칙적으로 데이트했지만 꾸준히 만나는 여자 친구는 없었다. 그는 다부지고 잘생겼

기에 원하는 모든 여자와 데이트할 수 있었다. 여러 여자와 성관계하는 데 문제가 없었고, 때로는 한꺼번에 여러 명을 만나기도 했다. 주말이면 다른 대학으로 가서 다른 사람인 척 행동해, 새로운 여자의 주의를 끌고 성관계했다.

키스는 병적인 거짓말쟁이다. 그는 다른 대학에서 사귄 사람들을 속이기 위해 여러 신분을 사용했다. 키스는 맨 처음 사기 행위로 큰돈을 벌었다. 금요일 저녁, 대학 캠퍼스에 도착한 키스는 1학년 기숙사를 찾아갔다. 그는 주 정부에서 발급하는 실물 크기 운전면허증을 만들어 학생들에게 100달러씩 받고 팔았다. 불법 면허증을 발급받는 학생은 100달러를 선불하고 가짜 면허증 앞에 섰다. 그러면 키스가 디지털카메라로 그 학생의 사진을 찍고 이름, 주소, 가짜 생일을 입력한 다음 출력해서 학생의 서명을 받고 규격 면허증 뒷면 플라스틱에 붙였다. 소문은 불길처럼 퍼졌다. 키스는 일요일 아침이면 주머니에 현금 1만 달러를 넣고 집으로 향했다. 돌아오는 길에 그는 야영장에 들러 옷과 가발을 태웠다.

경찰보다 한발 앞서기는 쉬웠다. 키스는 미국 전역을 돌아다니며 주말마다 다른 주의 새로운 학교로 갔다. 나중에는 한 주에 같은 주의 두 학교에서 불법 면허증을 만들어 팔았다. 열아홉 살 키스가 매주 얻는 순이익은 2만 달러였다. 그는 노트북컴퓨터로 대학의 원거리 수업을 들으며 학업을 계속했다. 키스는 의무적으로 어머니에게 전화를 걸고, 멀리 떨어진 아파트에 있는 자동 응답기의 음성 메시지를 확인했다. 그는 심지어 알고 지내는 여러 여자들에게 학교에 다닌다는 환상을 확실히 심어주고자 이 학교 저 학교를 다녔다. 키스는 사기꾼이다.

떠도는 생활이 지겨워진 키스는 정착해야겠다고 생각했다. 그는 컴퓨터를 능숙하게 다루는 기술로 큰 대학의 학위증을 만들고, 멀리 떨어진 주에서 일했다는 경력 증명서를 꾸몄다. 키스는 은퇴한 노인을 상대로 보험 사기를 계획했다. 그는 인터넷으로 은퇴한 중산층이 모여 사는 마을을 조사했다. 수백 가지 가능성을 살핀 키스는 신중을 기해 70~80대 은퇴자들이 사는 마을을 선택했다. 그는 경제활동에서 벗어났으며, 잘생기고 사교적이고 매력적인 젊은이의 이야기에 속아 넘어가기 쉬운 노인을 원했다.

키스는 건강상 예상치 못한 재난에 대비하는 보험을 제공한다며 유령 회사를 설립했다. 메디케어(65세 이상 노인을 대상으로 하는 미국의 공공 의료 제도—옮긴이)의 보장 범위를 넘는 비용이 발생했을 때 효력을 발휘해 의료비를 책임진다는 건강보험이다. 뿐만 아니라 사설 요양원 비용까지 부담해 그 비용을 내기 위해 집을 팔거나 저축을 바닥나게 할 필요도 없다고 했다. 키스는 컴퓨터로 광고 전단을 만들어 출력한 원본을 동네 문방구에서 복사했다. 가짜 신분을 이용해 거주자들의 손님을 위한 클럽 하우스를 하루 저녁 동안 빌린 키스는 노인들에게 광고 전단을 나눠주고, 무료로 다과를 제공하며 세미나를 열었다.

　노인들이 클럽 하우스로 몰려들었고, 키스는 '완벽한 아들'처럼 보이도록 행동하며 보험에 대해 설명했다. 그는 협동조합 방식의 건강보험 프로그램은 가입 인원이 제한되며, 마감이 임박했다고 말했다. 최초 가입비는 5000달러지만, 보험료는 매달 25달러밖에 되지 않는다. 최초 가입비는 상당한 이자를 받을 수 있도록 은행 계좌에 예치된다. 그러면서 키스는 협동조합 프로그램이 성공한 많은 예를 들었다. 그는 세미나 후 보통 50명이 넘는 노인에게서 5000달러씩 받고 돌아갔다. 키스는 24시간 이내에 해외 계좌로 돈을 빼돌려 '치고 빠지는' 방식으로 엄청난 돈을 모았다. 이제 다른 사기로 바꿔야 할 시간이다. 곧 연방 경찰이 추적할 것이다.

　키스는 매우 높은 투자 수익을 내는 금융 벤처기업을 시작하겠다는 계획을 세웠다. 그는 부유한 노인이 많은 마을을 골랐다. 키스는 치밀하게 가짜 금융 벤처기업을 준비했다. 상당한 이윤을 내는 합법적 기업을 이용해 가짜 책자도 만들었다. 특정 기업과 연관하는 방법으로 투자하면 상당한 수익을 올릴 수 있을 것처럼 자산 운용표도 준비했다. 주식시장의 성공적인 기업을 이용해 자산 운용표를 만들었기 때문에 키스의 상품은 잘 팔렸다. 키스는 적은 돈을 안전하게 투자하는 데서 시작해야 한다고 조언했다. 그는 6개월 이내에 투자자들에게 다른 중개 회사의 수익금보다 많은 자산 운용 배당금을 보냈다. 투자자들은 더 많은 자금을 투자했고, 배당금을 나누는 일도 계속됐다. 아무도 불평하지 않았다. 모든 사람이 투자한 만큼 이득을 봤다.

 키스는 마을에 집을 사고 값비싼 차를 몰았으며, 2000달러짜리 양복을 입었다. 상당한 액수를 지역 자선단체에 기부했고, 그 일로 언론에서 호평을 받기도 했다. 2001년의 주가 폭락은 예상치 못한 일이었다. 주식의 가치는 급락했고, 투자자들은 주식 매도를 요구했다. 매도할 주식은 없었다. 키스는 투자자들의 돈을 가지고 지속적으로 배당금을 나눠줬을 뿐이다. 그는 투자자들의 돈으로 부유하게 살았다. 투자자들이 잃은 돈은 100만 달러가 넘었다.

 키스는 저축을 모두 잃은 노인들에게 양심의 가책을 느끼지 않았다. 그가 염려하는 것은 체포되는 일뿐이다. 키스는 반사회성 성격장애가 있다.


## 특징과 진단 기준

미국정신의학협회는 '반사회성 성격장애의 주요한 특징은 다른 사람의 권리를 과도하게 무시하고 침해하는 행동 양식이다. 이런 행동은 아동기나 사춘기 초반에 시작돼 성인기에도 이어진다'고 규정한다. 이 진술은 반사회성 성격장애의 비정함과 위험을 분명히 보여주지 못한다. 반사회성 성격장애는 정신병질 성격장애(Psychopathic Personality Disorder : 정신병질 성격장애가 있는 사람을 사이코패스라 부른다.—옮긴이), 사회병질적 성격장애(Sociopathic Personality Disorder : 사회병질적 성격장애가 있는 사람을 소시오패스라 부른다.—옮긴이), 비사회성 성격장애(Dyssocial Personality Disorder)라고도 불렀다. 2000년 《정신질환 진단 및 통계 편람》 4판 텍스트 개정판에서 반사회성 성격장애로 명칭이 확정됐지만, 전반적인 진단 기준은 거의 변하지 않았다. 현재 미국정신의학협회가 상술하는 반사회성 성격장애의 구체적 진단 기준은 다음과 같다.

**A** 15세 이후 다른 사람들의 권리를 과도하게 무시하고 침해하는 행동 양식을 보인다. 다음 중 3가지 이상 해당하면 반사회성 성격장애의 징조다.

1. 사회규범을 수용해 적법한 행위를 하지 못하며, 체포당할 행동을 반복한다.
2. 개인적 유익과 즐거움을 위해 거짓말을 반복하거나 가명을 사용하거나 다른 사람을 속인다.
3. 충동적으로 행동하거나, 계획을 이행하지 않는다.

4. 성급하고 공격적이며, 싸움이나 공격을 반복한다.
5. 자신과 타인의 안전에 무관심하고 부주의하다.
6. 고용돼 일을 지속적으로 하지 못하거나 재정적 의무를 이행하지 못하기를 반복하며, 시종일관 무책임하다.
7. 다른 사람에게 무관심하고, 다른 사람을 다치게 하거나 학대하거나 다른 사람에게서 뭔가 뺏은 일을 합리화하며, 양심의 가책을 느끼지 않는다.

**B** 개인의 나이는 최소 18세다.

**C** 15세 이전에 행동장애가 시작됐다는 분명한 증거가 있다.

**D** 정신분열증이나 정신병 증세가 있는 동안 예외적으로 반사회적 행동을 하는 것이 아니다.

 반사회성 성격장애의 진단 기준은 전반적으로 행동장애의 진단 기준과 같다. 하지만 행동장애보다 덜한 정도에서 더한 정도까지 다양한 행동에 대한 구체적 설명은 제공하지 않는다. 반사회성 성격장애 진단은 남자가 여자보다 훨씬 많이 받는다. 반사회성 성격장애는 만성적이고 평생 계속된다.

**진단 기준 해설**

**1.** 사회규범을 수용해 적법한 행위를 하지 못하며, 체포당할 행동을 반복한다.

반사회성 성격장애가 있는 사람은 사회규범을 어긴다. 이들은 특히 형법에서 금지하는 행위를 한다. 음식점에 흙 묻은 운동화를 신고 간다거나, 금연 구역에서 담배를 피운다거나, 공개적으로 신성모독을 하는 등 사회규범을 어기는 정도가 아니다. 이들은 가게에서 물건을 훔치고, 가정집에 불법 침입하며, 무기로 사람을 공격하고, 자동차를 훔치고, 살인을 저지른다.

반사회성 성격장애가 있는 사람이 모두 이런 행위를 하는 것은 아니지만, 몇몇은 극히 흉악한 범죄를 저지른다. 악명 높은 연쇄살인범 테드 번디(Ted Bundy), 존 웨인 게이시(John Wayne Gacy), 케네스 비앙키(Kenneth Bianchi : 캘리포니아의 고지대에서 살인을 저지른 그를 언론에서는 '언덕의 교살자'라 불렀다.), 제프리 다머(Jeffery Dahmer)와 다른 여러 명이 반사회성 성격장애 진단을 받았다. 사회규범을 어기는 반사회성 성격장애의 특징이 흉악한 범죄를 저지르게 만들었다.

반사회성 성격장애가 있는 사람이 수백만 명의 삶에 영향을 미치는 경제 범죄를 저지른 경우도 상당하다. 반사회성 성격장애가 있는 사람은 기업의 이사든, 선출 혹은 지명된 관료든 사회규범을 수용하지 않고 주주, 근로자, 납세자에게서 수십억 달러를 횡령한다. 형법과 경제법을 어기는 두 부류의 행동 차이를 알 필요가 있다. 희생자에게 잔혹한 폭력을 휘두르는 연쇄살인범이나 강간범은 시민을 공포에 떨게 만드는 반면, 반사회성 성격장애 진단을 받은 기업가나 정치가는 수백만 명의 삶에 끔찍한 혼란을 초래한다. 폭력 정도와 관련한 행동은 다르지만, 사회규범과 법을 무시한다는 점은 같다. 현실에서는 반사회성 성격장애로 인한 횡령의 피해자가 폭행을 당한 피해자보다 훨씬 많다.

이런 행동 유형의 차이를 무시할 수 없다. 반사회성 성격장애로 강간과 살인을 저지르는 사람은 수백만 명을 재정적으로 무너뜨리는 사람에 비하면 극소수다. 이와 같이 은밀한 행동이 위험하다는 사실은 분명하다. '장부를 조작'해 수백만 달러를 빼돌리고, 회사가 파산하도록 만드는 기업 이사는 직원과 주주의 저축액을 훔친다. 직업과 집, 저축, 투자액, 연금을 잃고 고통 받으며, 심지어 죽는 사람이 얼마나 많은지 생각해보라.

시민을 불안에 몰아넣는 흉악 범죄를 저지른 사람만 반사회성 성격장애가 있는 것은 아니다. 반사회성 성격장애가 있는 사람은 물리적 고통과 상해, 죽음을 초래할 뿐만 아니라 사회가 범죄로 규정한 이런저런 행동을 한다. 지금 말하려는 것은 반사회성 성격장애가 있는 사람이 다른 사람들의 권리를 무시하는 특성이다. 사람들이 물리적인 폭력을 사용해 범죄를 저지른 사람만 반사회성 성격장애라고 인식한다면 말이 번드르르한 사기꾼은 의심조차 하지 않고, 그는 피해자에게서 엄청난 돈을 손쉽게 갈취할 것이다. 그는 '양의 탈을 쓴 늑대'로 수백만 명의 삶을 파괴한다.

양의 탈을 쓴 늑대는 우리가 자녀에게 '낯선 사람에 대한 위험'을 가르치기 위해 사용하는 비유다. 우리 의도는 자녀를 성적 약탈자에게서 보호하려는 것이다. 미취학 어린이나 초등 저학년에게 '위험한 낯선 사람'을 설명하라고 해 보라. 아이들은 지저분한 옷을 입고 숲에 숨어 있는 못생긴 남자로 묘사할 것이다. 따라서 양복을 입고 새 차를 운전하는 사람이 자기 옆에 차를 세우고 창을 열 때, 그가 골든레트리버를 안고 혹시 이 강아지의 주인이냐고 묻는다면 아이들은 그를 위험한 사람이라고 생각하지 않는다. 그는 말한다. "이 강아지가 내 차에 치일 뻔했단다. 내가 이 강아지의 주인을 찾는 일을 도와주겠니?" 아이들은 그 사람이 자기 할아버지처럼 옷을 입고, 말을 하고, 차를 운전하기 때문에 강아지에 신경 쓸 뿐 자신이 위험할 수도 있다고는 생각하지 않는다.

위험과 불법은 다른 형태로 다가올 수 있다. 테드 번디는 잘생기고 똑똑하고 논리적으로 말하는 사람이다. 그는 못생기고 더러운 옷을 입지 않았다. 사람들은 그를 옆집 소년처럼 묘사했다. 젊은 여자들은 그의 잘생긴 외모와 사교적이고 예의 바른 태도에 쉽게 매료됐다. 그의 차에 오른 여자들은 못생기고 더러운 옷을 입은 사람과 어울린 것이 아니다.

반사회성 성격장애가 있는 사람의 지능에 따라 그가 어떤 식으로 행동할지 결정된다. 일반적으로 머리가 좋은 사람일수록 은밀하게 행동하고, 머리가 나쁜 사람일수록 두드러지게 행동한다. 머리가 나쁜 사람은 감시 카메라가 있다는 사실을 생각지 않고 편의점에서 무장 강도짓을 하기 쉽다. 그는 사전 조사 없이 아무 집이나 무단 침입해 총을 든 집주인이나 집을 지키는 테리어(사납고 영리하며 날쌘 개―옮긴이) 여러 마리와 마주치기도 한다. 그는 경찰차가 순찰하는 불빛이 환한 주차장에서 강도짓을 하려 하며, 제대로 된 계획 없이 행동한다. 되는 대로 범죄 현장을 선택하기 때문에 어떤 행동을 할지도 예측할 수 없다. 편의점에 대해 사전 조사를 하지 않았으니 주인이 총을 가졌다면 총격전이 벌어질 수도 있다. 그는 무단 침입 현장에서 편의점 주인을 살해할 수도 있다. 반사회성 성격장애가 있고 지능이 낮은 사람은 위험하다.

대조적으로 반사회성 성격장애가 있고 지능이 높은 사람은 범죄를 치밀하게 계획하고 실행한다. 그는 충동적인 경우가 드물고 범죄에 능하며, 대부분 범죄를 성공적으로 마친다. 강도짓과 같이 물리적 활동이 필요한 범죄행위를 한다면 계획을 세운다. 그는 침입할 주거지를 되는 대로 선택하지 않는다. '큰 건'을 올리기 위해 얼마나 훔칠 수 있을지, 감시 카메라가 있는지 치밀하게 조사한다. 침입하기에 가장 적당한 때, 즉 발각될 가능성이 가장 낮고 범죄에 성공할 가능성이 가장 높은 때가 언제인지도 분명히 파악한다. 그는 편의점이나 주류 판매점에 침입해서 무장 강도짓을 하지 않고, 조심스레 행동한다. 그는 다른 사람을 등치지만, 가급적 자신이 드러나지 않게 한다. 드러나든 아니든 결국 그는 사기꾼이다.

**2.** 개인적 유익과 즐거움을 위해 거짓말을 반복하거나 가명을 사용하거나 다른 사람을 속인다.

이 기준 역시 앞의 기준과 마찬가지로 지능의 영향을 받는다. 병적인 거짓말은 반사회성 성격장애의 일반적 특징이지만, 개인적 이득을 취하거나 즐거움을 위해서 하는 거짓말의 성공 여부는 지능에 달렸다. 반사회성 성격장애가 있고 지능이 낮은 사람은 자기 행위를 은폐하거나 돈, 마약, 섹스 혹은 다른 즐거움을 얻으려고 사람들을 속인다. 하지만 머리가 나쁘다 보니 거짓말이 치밀하지 못하고 일관성도 없어 쉽게 드러난다. 많은 교도관은 교도소에 복역 중인 사람들만 '어리석은' 사람이라고 말한다. 이런 사실은 범죄 행위를 하는 데 무계획적이고 충동적일 뿐만 아니라, 검사에게 심문을 받으며 거짓말을 계속하거나 꾀를 부릴 능력이 되지 않는다는 것도 보여준다.

대조적으로 반사회성 성격장애가 있고 지능이 높은 사람은 거짓말에 능하다. 그는 논리적으로 거짓말할 뿐만 아니라, 외형적으로도 그럴듯하게 보여야 한다는 것을 잘 안다. 반사회성 성격장애가 있는 사기꾼은 부유한 척하며 위조된 증명서를 이용한다. 그는 희생자가 될 무리를 신중하게 고른다. 보통 노인에게 상당한 이익금을 제시하며 투자를 권유한다. 부유한 미망인은 그에게 취약하다. 반사회성 성격장애가 있는 사람은 자기애성 성격장애의 특징도 보인다. 잘생긴 얼굴에 논리적인 언변, 매력적이고 친절한 그는 부유하고 외로운 미망인에게 '너무 좋아서 현실이라 믿기지 않는' 존재다. 그는 현실이 아니다. 미망인은 그의 먹잇감일 뿐이다.

**3.** 충동적으로 행동하거나, 계획을 이행하지 않는다.

이는 지능이 낮고 미숙한 사람에게서 흔히 보이는 특징이다. 앞서 지적했듯이 충동성과 무계획은 범죄행위의 실패를 가져오고, 그는 체포돼 감옥에 갇힌다. 나이가 들어 영리해지거나 감옥에서 경험을 통해 그는 더욱 계획적인 범죄자가 되고, 다음 범죄에서는 체포될 가능성이 낮아진다. 그는 다른 범행을 저지르며 갱에서 활동하기보다 혼자 일을 도모하려고 한다. 범죄에 가담하는 사람이 많을수록 발각될 가능성이 높기 때문이다.

### 4. 성급하고 공격적이며, 싸움이나 공격을 반복한다.

이 기준도 반사회성 성격장애가 있는 사람의 지능에 달렸다. 반사회성 성격장애 진단을 받은 이들은 모두 성급하고 공격적이지만, 사람에 따라 그 정도가 다르다.

반사회성 성격장애가 있고 지능이 낮은 사람은 다른 사람과 자주 대립하고 성급하며, 공격성을 보인다. 대립은 공격 행위와 싸움으로 이어진다. 공격성에 충동성이 결합되면 물리적 싸움이 벌어지기 쉽다. 지능이 낮고 미성숙한 사람의 반응은 별반 다르지 않다. 예컨대 상점 주인이 친구들 앞에서 호되게 야단을 쳤다면 그는 가게 진열장에 돌을 던지거나 상점 주인을 공격한다. 조급하고 공격적이다 보니 행동의 결과를 생각지 않고 화를 분출한다.

미국의 감옥에는 18~25세 수감자가 가장 많다. 사춘기나 실업 상태, 충동성으로도 이를 설명할 수 있지만, 반사회성 성격장애의 특징 또한 분명한 원인이 된다. 어린 범죄자를 수용하는 중간 규모 교도소의 별칭은 '검투사 합숙소'다. 어리고 미성숙하고 아마도 반사회성 성격장애가 있을 재소자들은 성급하고 공격적이다. 이들에게 싸움은 일상이다. 이들은 체포되지 않으려고, 교도소 안에서 문제를 일으키지 않으려고 조심하는 법이 없다. 이들은 싸움을 하는 만큼 출소일이 늦어진다는 사실을 생각지 않는다.

### 5. 자신과 타인의 안전에 무관심하고 부주의하다.

반사회성 성격장애가 있는 사람은 점점 큰 자극을 원한다. 충동적이고 사회규범을 무시하는 이들은 규범에 대립되는 위험한 상황을 만든다. 반사회성 성격장애가 있는 노숙인은 무기를 소지한다. 무기를 소지하는 것은 공격적인 '남자다움을 과시하고', 할 일을 제대로 하는 사람이라는 표시다. 반사회성 성격장애와 총의 결합은 죽음과 같다.

이 사람은 여러 가지 약물과 마을을 가로지르는 자동차 경주, 무분별한 성생활을 경험한다. 그는 자신이 결코 체포되지 않고, 총격으로 사망하지도 않으며, 자동차 사고가 나지 않고, 에이즈에도 걸리지 않을 것이라 믿는다. 그는 전능하다는 생각 때문에 일찍 죽을 수 있다.

### 6. 고용돼 일을 지속적으로 하지 못하거나 재정적 의무를 이행하지 못하기를 반복하며, 시종일관 무책임하다.

반사회성 성격장애가 시작될 때 이 특징을 쉽게 발견할 수 있다. 반사회성 성격장애가 있는 사람은 대개 고등학교를 마치지 못한다. 학교에 매일 출석하지 못한다는 사실은 이들의 무책임한 면을 보여준다. 이들은 비행을 반복해 퇴학당하지 않아도 자퇴하거나, 퇴학당할 때까지 무단결석한다. 반사회성 성격장애가 있는 사람은 직장에서도 무책임하다. 일자리를 찾는 데 관심이 없고, 억지로 직장 생활을 해도 지각이나 결근, 생산성 부족으로 해고당하기 일쑤다.

흥미롭게도 반사회성 성격장애가 있는 청년들은 집행유예나 가석방의 조건으로 직업을 찾고 일하도록 강요받는다. 그들은 고용 상태를 유지하는 것이 가석방과 집행유예의 조건임을 잘 알지만, 결과는 뻔하다. 그들은 일자리를 잃고 감옥으로 돌아간다. 이런 사실이 그들의 행동에 영향을 미치지 못하므로, 그들은 계속 무책임하게 행동한다.

이들은 합법이든 불법이든 재정적인 문제에도 무책임하다. 자동차를 구입하고자 연대보증을 세워놓고 채무를 갚지 않는다. 불법적으로든 합법적으로든 돈을 벌면 대출금을 갚기보다 즐거움을 위한 활동을 하거나 물건을 구입하는 데 사용한다. 반사회성 성격장애가 있는 젊은이는 1만 달러가 생기면 자동차 값을 갚기보다 자동차를 위한 '최신형' 크롬(은백색 광택이 나는 단단한 금속 원소. 염산과 황산에는 녹지만 공기 중에서는 녹슬지 않고 약품에 강하다. ─옮긴이) 휠을 구입하려 한다. 이들은 대출금을 갚지 않아도 자동차가 압수되는 일은 없으리라 착각한다. 이들은 새 옷과 약품을 구입하고 사치스러운 생활을 하며 재정적 파탄에 이른다.

이 일을 반복하면 범죄자는 소송비용과 벌금을 무는 조건으로 보호관찰처분을 받는다. 결과는 뻔하다. 소송비용이나 벌금을 지불하지 못하면 그는 감옥에 가야 한다. 반사회성 성격장애가 있는 사람은 최신형 크롬 휠을 사면서 이런 결과를 예상하지 않는다.

반사회성 성격장애가 있는 사람은 법정이 명령한 이혼수당과 자녀 양육비를 주지 않는 것으로 악명 높다. 그들은 재정상 책임을 지라는 판결을 듣고 법정에서 걸어 나간다. 지난 10년 동안 여러 주에서는 자녀 양육비를 지급하지 않은 남자를 구속하는 법안을 통과시켰다. 이 법은 반사회성 성격장애가 있는 사람의 무책임한 행동에 영향을 미치지 못한다. 그는 법원 판결을 이행하지 않아 체포되고 판결을 기다리는 때가 돼야 감옥에 갇힐까 염려한다. 그는 경찰관이 현관에 도착할 때까지도 자신이 체포되고 유죄판결을 받아 감옥에 갇히리라고는 전혀 생각지 않는다.

**7.** 다른 사람에게 무관심하고, 다른 사람을 다치게 하거나 학대하거나 다른 사람에게서 뭔가 뺏은 일을 합리화하며, 양심의 가책을 느끼지 않는다.

이 기준은 반사회성 성격장애의 특징 가운데 가장 두드러지고, 가장 심각하고, 잠재적으로 가장 위험할 수 있다. 후회하는 마음이 결여됐다는《정신질환 진단 및 통계 편람》5판 내용과 조금 다르게 반사회성 성격장애가 있는 사람은 양심에 결함이 있다. 반사회성 성격장애가 있는 사람은 자기 행동에 유감스러워하거나, 틀렸다거나, 후회스럽다는 생각을 하지 않는다. 그는 다른 사람에게 해를 끼친 행동으로 죄책감에 시달리지 않는다. 양심의 결함은 그가 뭐든 자신이 즐거운 일을 하도록 만든다. 즉 행동의 동기가 자신의 즐거움이다. 반사회성 성격장애가 있는 사람은 자신의 즐거움을 위해 멋대로 행동하며, 심리적인 필요를 충족한다. 그의 자기중심성은 세상이 자신의 즐거움과 유익을 위해 존재하며, 다른 사람들은 무의미하다는 생각을 보여준다.

이 기준을 이해하면 어떤 사람이 수백만 달러를 횡령하고도 양심의 가책을 느끼지 않는 이유나 성적인 충동과 필요를 채우고자 데이트 상대를 강간하는 이유를 알 수 있다. 다른 사람을 이해하는 것과 용납하는 것은 별개다. 반사회성 성격장애가 있는 사람의 행동 기준을 이해해야 가해자를 식별하고, 체포하고, 기소하고, 형을 선고할 수 있다.

성격장애의 여러 특징이 이 기준에 집적된다. 반사회성 성격장애가 있는 영리하고 공격적인 남자는 이혼 수당이나 자녀 양육비를 주지 않으려고 이혼한 부인을 보트 사고로 위장해 '없애고도' 괴로워하지 않는다. 이혼하기 전에 부인을 '없애' 변호사 비용을 아끼거나 부인의 보험금을 수령하고도 괴로워하지 않는다. 반사회성 성격장애가 있는 사람은 자신이 횡령한 사실을 알아채기 전에 동업자를 죽이려

하거나, 스위스의 은행 계좌에서 횡령한 돈을 인출해 미국과 범죄인인도 조약을 맺지 않은 나라로 갈 수도 있다.

다음 내용에서 보듯 반사회성 성격장애가 있는 사람의 행동과 정도는 대단하지 않을 수 있다.

- 배우자 혹은 연인에게 정절을 지키지 않고도 죄책감이나 양심의 가책을 느끼지 않는다.
- 한 주 동안 식비로 1000달러를 빼낸다.
- 노부부의 지붕을 고쳐준다며 비용의 절반을 미리 받는 사기 계약서에 서명한다.
- 이웃 사람이 해고당했다는 소문을 낸다.
- 허위로 보험료를 청구한다.
- 낙제점을 준 교수의 자동차 타이어를 펑크 낸다.
- 교수가 학생과 성적으로 부적절한 관계라고 소문낸다.
- 늙고 쇠약한 부모의 연금을 가로채고 부모를 돌보지 않는다.

위의 모든 사항은 사람에게 해를 끼치고 법을 위반하는 것이다. 반사회성 성격장애가 있는 사람은 죄책감에 시달리지 않고 위의 모든 사항은 물론, 수많은 행동을 할 수 있다. 그는 다른 사람에게 해를 끼치고도 후회하지 않고, 피해자의 감정이 어떨지 생각지 않는다.

**원인과 경과**

미국정신의학협회는 '반사회성 성격장애는 친부모가 반사회성 성격장애가 있는 사람에게 더욱 흔하다'고 규정한다. 이 규정은 반사회성 성격장애가 유전적으로 발현될 수 있음을 의미한다. 반사회성 성격장애의 원인은 확실치 않다. 연구자들은 유전적 요인뿐만 아니라 환경적 요인으로 반사회성 성격장애가 발현된다고 말한다.

반사회성 성격장애에 관한 세계적 권위자 로버트 D. 헤어는 반사회성 성격장애 진단을 받은 어른의 뇌파를 검사했다. 그는 반사회성 성격장애 진단을 받은 어른의 뇌 기능이 정상적인 청소년의 뇌 기능과 유사하다고 가정했다. 반사회성 성격장애 진단을 받은 어른의 뇌파와 정상적인 젊은이의 뇌파를 비교한 결과, 양측의 뇌파가 유사했다.

헤어는 반사회성 성격장애 진단을 받은 어른의 뇌는 발달 단계상 청소년기에 머무른다고 결론지었다. 뇌세포는 청소년기에 가장 많이 발달한다. 반사회성 성격장애가 있는 어른은 헤어가 '성숙 지체 가설'이라 명명한 발달 현상을 겪는다. 이는 임상의학의 정신지체와 달리 뇌의 어떤 부분 발달이 정지 혹은 지체되는 것이다. 정상적인 청소년과 반사회성 성격장애가 있는 어른이 행동과 특성에서 공통된 면을 보이는 것은 헤어의 이론적 관점을 뒷받침한다.

반사회성 성격장애의 원인이 환경적 요인이라고 주장하

는 연구자들이 있다. 이들은 반사회성 성격장애의 원인이 후천적이라는 이론적 관점을 지지하며, 심각하게 학대받고 방치된 환경에서 자란 아이에게 반사회성 성격장애가 발현한다고 주장한다. 심각하게 학대받고 방치된 아이들은 적대적 환경에 대한 방어기제로 자기중심적이 된다. 이런 아이들은 살아남고 성공하기 위해 다른 사람을 믿거나 의지하지 않기로 한다. 그 결과 이들에게는 자신을 제외하고 아무도 중요치 않다. 이들은 다른 사람에게 해를 끼치는 자신의 행동이 정당하다고 생각한다.

환경적 요인을 원인으로 보는 연구자들은 지나치게 응석받이로 자란 아이들에게도 반사회성 성격장애가 발현할 위험이 있다고 주장한다. 부적절한 행동을 눈감아준 결과 아이는 매우 자기중심적이 된다. 이런 아이들은 자신이 틀릴 수 없으며, 법보다 옳고 중요하다고 믿는다. 아이의 잘못을 눈감아주고 학교와 같은 제도를 탓하는 부모는 자녀에게 몹쓸 짓을 하는 것이다. 아이들은 이런 부모를 통해 원하는 모든 것을 할 수 있으며, 행동에 따른 대가는 없다고 배우기 때문이다.

청소년은 충동적이고 욕구를 참지 못하며, 자기중심적이고 예민하거나 변덕스러우며, 무책임한 경향이 있다. 열거한 사항은 반사회성 성격장애의 진단 기준으로, 반사회성 성격장애가 있는 사람도 동일한 행동과 특징을 보인다.

반사회성 성격장애를 만성적이고 평생 지속되는 성격상 결함으로 생각할 수도 있다. 하지만 행동의 심각성은 나이에 따라 줄어든다. 나이가 들수록 특징적 행동의 강도가 약해지고 빈도가 낮아진다.

반사회성 성격장애가 치료를 통해 나아질 가능성은 희박하다. 반사회성 성격장애의 특징 때문에 그 사람은 바뀌지 못한다. 반사회성 성격장애가 있는 사람은 행동에서 얻는 즐거움보다 괴로움이 클 때 변한다. 반사회성 성격장애가 있는 사람이 성폭행을 하고도 붙잡히지 않으면 연쇄 성폭행범이 된다. 성폭행으로 얻는 즐거움과 제도의 실패는 그의 행동을 강화하는 요인이 된다. 하지만 그는 성폭행으로 체포돼 재판받고 20년 동안 수감됐어도 출소 후 다시 성폭행 범죄를 저지르려 할 것이다. 그가 20년간 보낸 감옥으로 돌아가리라는 생각 때문에 충동적 행위를 억제하리라는 것은 보통 사람의 가정일 뿐이다.

### 대하는 법

개인의 유익과 즐거움을 위해 사회규범을 가볍게 무시하거나 거짓말을 반복하고, 터무니없이 유리한 조건을 제시하며 유인한다면 반사회성 성격장애가 있는 사람이 아닌지 의심해볼 필요가 있다. 고용돼 일을 지속적으로 하지 못하거나, 공격적이고 충동적이며 죄책감에 시달리지 않는 경우도 마찬가지다.

'다른 사람의 권리를 과도하게 무시하고 침해하는 행동양식이다'라는 특징은 반사회성 성격장애의 비정함과 위험을 분명하게 보여주지 못한다. 그들의 비정함과 위험은 일반인의 상상을 초월한다. 따라서 반사회성 성격장애가 있는 사람을 만나지 않는 것이 최선이다. 어쩔 수 없이 그들을 대해야 한다면 그들이 시비를 걸거나 야비한 속임수를 쓰는 등 도발할 경우 분노하기보다 냉정함을 유지하고 중립적인 태도를 보이는 것이 중요하다.

## 06 경계성 성격장애
Borderline Personality Disorder

# 대인 관계가 불안정하고
# 정서가 매우 충동적이다

### 시나리오

타미는 전화벨이 울리기를 기다리며 초조하게 방을 서성였다. 쇼핑하러 가기 위해 앨리슨이 전화하기로 약속돼 있었다. 타미는 시계를 보며 오전 10시에 전화하겠다던 앨리슨의 말을 생각했다. 지금은 10시 8분이다. 타미는 곰곰이 생각했다. 앨리슨은 내가 전화를 기다리는 외에 다른 일을 할 것이라고 생각할까? 화가 난 타미는 앨리슨의 휴대폰으로 전화해서 다짜고짜 전화 걸지 않은 이유를 말하라고 다그쳤다. 갑작스런 요구에 놀란 앨리슨은 딸을 아기 돌보는 사람에게 데려다주는 중이라고 말하며 사과했다. 충동적으로 전화 걸어 주제넘은 질문을 했다는 것을 깨달은 타미는 앨리슨에게 무슨 일이 생긴 줄 알고 걱정했다며 서둘러 말을 바뀠다.

　타미의 삶은 비슷한 상황이 반복됐다. 그는 새로운 친구를 사귈 때마다 도망치려는 사람을 붙잡듯 상대방을 잡으려 했다. 다른 사람과 관련짓지 않고는 자신을 말할 수 없었다. 타미는 지금 다른 사람의 애인이고, 가장 친한 친구다. 그녀는 친구도, 아는 사람도, 애인도 심지어 남편도 여럿 있었다. 하지만 결국 모두 타미를 떠났다. 타미는 다른 사람의 삶의 일부가 돼 자신을 규정하려 했고, 혼자서는 진정한 자신을 찾지 못했다. 그녀는 혼자 있지 못했다. 타미에게는 한 개인으로서 자신을 규정짓는 모습이 없다.

　타미의 인간관계는 집착과 버림받음의 반복이었다. 버림받을지 모른다는 두려움은 그녀의 모든 인간관계를 이끄는 원동력이었다. 하지만 두려움이 행동으로 나타나면 사람들은 타미를 떠났다. 타미는 친구의 시간을 독차지하려 했다. 그럴 대상이 없으면 필사적으로 새 친구를 찾았다. 새 친구를 사귀면 모든 관심과 헌신을 그에게 집중했다. 타미는 친구라면 가장 친밀해야 한다고 생각했고, 이 생각은 관계를 계속 어그러뜨렸다. 타미는 새 친구의 여가를 독차지하려 할 뿐만 아니라, 그가 다른 친구와 이야기하거나 어울리면 질투했다. 자신의 '친한' 친구가 다른 사람과 점심 식사를 했다는 이야기를 들으면 공격적으로 행동해서 모든 사람을 화나게 만들었다. 타미는 친구가 어디에 갔고, 무엇을 했으

며, 자신을 부르지 않은 이유가 무엇인지 알고 싶어 했다. 둘의 관계에서 헌신적인 자신에게 상대방이 먼저 연락하기를 기대했다. 상대방이 전화하지 않으면 분노하고, 이유를 캐물었다. 상대방이 전화해서 절교를 선언하는 것은 시간문제였고 타미는 망연자실했다.

타미는 애인이나 남편에게 극도로 집착했다. 애인이나 남편이 없을 때는 필사적으로 새로운 대상을 찾았다. 타미는 그 과정에서 충동적으로 행동했다. 독신자가 많은 술집으로 가서 잔뜩 취해 아무하고나 시시덕거렸다. 타미는 성적인 분별력이 거의 없고 문란했다. 만취한 다음 날 아침이면 자신이 하룻밤 상대였고, 다시 버림받았음을 깨달았다. 이런 상황은 타미가 문제에 접근하고 행동하는 방식을 바꾸지 못했다. 타미는 외로움에 대한 두려움 때문에 하루 이상 함께 지낼 대상이 나타나기까지 이런 일을 반복했다. 하룻밤을 보낸 다음 날 상대방이 함께 저녁 먹자고 전화하면 짧은 만남이 오래 지속되는 관계로 바뀔 것이라는 믿음에 다시 충동적으로 행동했다. 타미는 내일이 오지 않을 것처럼 서둘렀다. 타미는 새로 만난 사람이 자신과 마찬가지로 둘의 관계에 헌신적일 거라 믿었지만 상대방은 그렇지 않았다. 타미는 모든 시간을 함께하자며 모든 친구, 특히 여자 친구들과 관계를 끊으라고 요구했다. 그가 남자 친구들과 관계를 유지한다면 친구들과 보내는 시간, 그들과 함께 하는 일, 자신에게 불성실한 관계를 내용으로 계속 불평했다. 타미의 이런 태도와 요구는 결국 상대방을 떠나게 만들었고, 타미는 망연자실했다.

남자가 떠나면 타미는 분노해 소리치고 욕하고 공격적인 행동을 했다. 하지만 그래 봤자 남자를 더욱 밀어낼 뿐임을 깨닫고, 타미는 남자의 마음을 되돌리기 위해 자살하겠다고 위협했다. 타미의 존재감과 자의식은 다시 훼손됐다. 버림받으면 타미는 자신이 가치 없다고 생각했다. 관계가 깨진 뒤 언제나 한바탕 우울함을 겪었지만, 실수에서 깨닫지 못했다. 타미는 예전처럼 또 다른 친구나 애인, 남편을 필사적으로 찾았다. 타미는 경계성 성격장애가 있다.

## 특징과 진단 기준

미국정신의학협회는 '경계성 성격장애의 주요한 특징은 대인 관계, 자아상, 정서의 불안정과 현저하게 충동적인 행동 양식이다. 이런 행동은 청년기에 시작되고, 상황에 따라 여러 모습을 보인다'고 규정한다. 여자가 경계성 성격장애 진단을 받는 경우가 많기 때문에 이 책에서도 진단 기준 해설에 여자의 예를 들었다. 미국정신의학협회가 상술하는 경계성 성격장애의 구체적인 진단 기준은 다음과 같다.

대인 관계, 자아상, 정서의 불안정과 현저하게 충동적인 행동 양식은 청년기에 시작되고 상황에 따라 여러 모습을 보인다. 다음 중 5가지 이상 해당하면 경계성 성격장애의 징조다.

1. 현실이든 상상이든 버림받지 않으려고 굉장히 노력한다(주의 : 여기에는 5번에 속하는 자살 혹은 자해 행동이 포함되지 않는다).
2. 상대방을 극도로 이상화 혹은 평가절하 해 불안정하고 극단적인 인간관계를 보인다.
3. 자아상 혹은 자의식이 유난히 약하다.
4. 낭비, 문란한 성생활, 약물 남용, 부주의한 운전, 무절제한 식사 등 최소 2가지에서 자신에게 해가 될 수 있는 충동적 행동을 한다(주의 : 여기에는 5번에 속하는 자살 혹은 자해 행동이 포함되지 않는다).
5. 자살 행동, 자살 시위, 자살 위협, 자해 행동을 되풀이한다.
6. 감정 기복이 심해 불쾌함과 예민함, 염려가 몇 시간, 드물게는 며칠씩 계속된다.
7. 만성적으로 공허함을 느낀다.
8. 자주 짜증을 내고, 끊임없이 분노하며, 물리적인 싸움을 반복하는 등 몹시 화를 내거나 분노를 조절하지

못한다.
9. 때로 스트레스와 연관된 편집증적 사고를 하거나 심각한 분열 증상을 보인다.

## 진단 기준 해설

**1.** 현실이든 상상이든 버림받지 않으려고 굉장히 노력한다.

경계성 성격장애가 있는 사람은 거절당하고 버림받을지 모른다는 생각에 사로잡혀 있다. 환경과 사람들의 반응에 대한 이런 인식은 자존감과 자아상에 영향을 준다. 이들은 거절당했다고 상황을 오해한다. 여자 친구가 전화를 걸어 점심 식사와 쇼핑 약속을 취소하면 거절당했다는 생각에 괴로워한다. 경계성 성격장애가 있는 사람은 약속을 취소한 상대방의 설명을 듣지 않고 친구가 자신을 떠나려 한다고 받아들인다. 거절당했다는 생각과 감정은 약속을 취소한 친구에 대한 분노와 악의적인 말로 드러난다.

정당한 이유가 있어 약속을 취소한 친구는 이런 반응을 생각지도 못한다. 경계성 성격장애가 있는 사람은 '변명'의 진실성에 의문을 제기하고, 우정을 폄하하며, 거짓말했다고 친구를 탓한다. 하지만 이런 행동은 자신에게 해가 되고 의도와 반대 결과를 가져오기 일쑤다. 비난과 장황한 연설에 화가 난 친구는 더 이야기하기보다 관계를 끊기로 결정하기 쉽다.

경계성 성격장애가 있는 사람은 실제와 관계없이 자신을 인식하기 위해 다른 사람이 필요하다. 이들은 혼자 있지 못하고 자의식의 '거울' 역할을 해줄 다른 사람을 둔다. 즉 이들의 자의식은 상대방에 달렸다. 의견이 대립되면 거절당하고 버림받을지 모른다는 공포에 빠지고, 거절당하지 않기 위해 지나치게 노력한다.

**2.** 상대방을 극도로 이상화 혹은 평가절하 해 불안정하고 극단적인 인간관계를 보인다.

경계성 성격장애가 있는 사람은 안 지 얼마 되지 않은 사람에게 친밀하고 오래된 관계인 듯 행동하며 집착한다. 성관계로 끝난 첫 데이트는 지속되는 사랑에 대한 잘못된 생각을 키운다. 경계성 성격장애가 있는 여자는 첫 데이트의 성관계가 남자의 사랑이 지속될 증거라고 착각한다. 여자는 침대에서 일어나 집으로 돌아가려는 남자를 이해하지 못한다. 남자가 해명하기를 바라며, 다음 날 다시 보자고 요구한다. 다음 날 아침, 지난밤에 즐거웠다고 말하려고 전화한 남자는 그날 저녁 약속을 잡는다. 남자가 꽃을 보내기도 한다. 주사위는 던져진다. 경계성 성격장애가 있는 여자의 사랑이 지속되리라는 착각은 강화된다.

두 번째 데이트 역시 성관계로 끝난다. 남자가 집으로 돌아가려 하자 여자는 밤새 머물기를 요구한다. 남자가 여자의 요구대로 하면 착각은 더욱 강해진다. 남자가 머무르지 않으면 여자는 버림받을지 모른다는 공포에 휩싸여 논쟁을 벌인다. 여자는 남자가 떠난 뒤 자기 행동이 부적절했음을 깨닫고 관계를 되돌리려는 계획을 세운다. 다음 날 여자는 남자의 사무실로 계속 전화한다. 남자는 지난 이틀 동안 여자를 만난 것이 실수였음을 깨닫는다. 남자는 관계를 끊는 가장 확실한 방법으로 연락하지 않기를 선택한다. 남자는 여자의 전화에 응답하지 않는다. 여자는 거절당하지 않으려고 엄청난 노력을 한다.

남자는 여자의 연락을 피하려고 '남자 친구들과' 밤을 보낸다. 집으로 돌아오니 자동 응답기에 전화하지 않으면 죽어버리겠다는 여자의 메시지가 있다. '거짓' 위협임이 분명하지만 남자는 피하지 못하고 전화를 건다. 여자는 히스테리 상태에서 당장 자기 집으로 오지 않으면 자살하겠다고 통보한다. 여자의 협박이 사실일지도 모른다는 생각에 놀란 남자는 여자의 집으로 간다. 여자의 계략은 효과를 발휘했다. 이제 사랑이 계속되리라는 여자의 환상은 강화된다. 이 남자는 여자의 망상적 집착의 피해자다.

불안정은 남녀 관계뿐만 아니라 가족이나 친구 관계에도 적용된다. 경계성 성격장애가 있는 어머니는 가정을 이룬 자녀와 손주가 방문하기를 이유 없이 기다린다. 기대가 충족되지 않으면 자녀와 손주에게 너희가 나를 사랑한다면 더 자주 방문하고 함께 보내는 시간을 소중히 여길 것이라고 말한다. 이에 더해 친척과 친구들에게 자신을 화나게 만든 자녀를 폄훼한다.

친구들과도 비슷한 상황이 벌어진다. 경계성 성격장애가 있는 사람은 다른 사람에게 '가장 친한' 친구나 '유일한' 친구가 되고 싶어 한다. 이들은 친구에게 자신과 더 많은 시간을 보낼 것을 요구한다. 이들은 '가장 친한' 친구가 다른 사람과 식사나 쇼핑을 했다는 이야기를 들으면 화내고, 친구에게 자신을 부르지 않은 이유를 말하라고 다그친다. 이런 무례함은 친구 관계를 끝으로 몰아간다. 그러면 경계성 성격장애가 있는 사람은 그 관계가 자신에게 별것 아니었다며 '가장 친한' 친구를 험담한다. 이들은 이런 식으로 거절에 대한 두려움에서 불안한 자아를 보호한다.

**3.** 자아상 혹은 자의식이 유난히 약하다.

경계성 성격장애가 있는 사람은 자기 인식에 급격하고 예상치 못한 변화를 보인다. 자기 인식 변화에 따라 옷 입는 스타일, 태도, 선호도, 취미, 생각도 급격히 바뀐다. 이런 변화는 자세히 보면 거절당하거나 버림받을지 모른다는 생각에서 기인한 것이다. 이들이 자존감을 유지하거나 자신을 거절한 상대방과 관계를 재정립하기 위해 급진적인 변화를 선택한다는 사실이 흥미롭다.

경계성 성격장애가 있는 사람은 거절당하거나 버림받고 자살 시도를 포함한 엄청난 노력으로도 다시 관계를 이어가는 데 성공하지 못하면, 자기 자신을 바꾸기로 결심한다. 외적으로 변하면 애인이나 가족, 친구가 돌아오리라 믿는다. 상대방은 경계성 성격장애와 관련된 행동 때문에 그 사람을 거부하거나 떠난 것인데 말이다.

경계성 성격장애가 있는 사람은 치료를 받아들인다. 유감스러운 사실은 자살 시도 후 치료받기를 시작한다는 점이다. 자신의 성격과 행동 때문에 거절당하고 버림받는다는 사실을 인정하기는 쉽지 않다. 자기 성격의 결함을 인정하기보다 화내고 상대방을 비난하기가 훨씬 쉽다.

**4.** 낭비, 문란한 성생활, 약물 남용, 부주의한 운전, 무절제한 식사 등 최소 2가지에서 자신에게 해가 될 수 있는 충동적 행동을 한다.

경계성 성격장애가 있는 사람은 자신이 다른 사람에게 중요하지 않다는 생각 때문에 자살과 자해 등 자신에게 해가 되는 행동을 충동적으로 한다. 하지만 자살과 자해는 5번 항목에 속한다.

이 기준과 연관된 행동은 거절당하고 버림받았다는 모욕에 대한 방어기제라고 설명하는 것이 적당하다. 경계성 성격장애가 있는 사람은 거절당하고 버림받았다는 현실에 직면하기보다 다른 행위로 삶을 채우려 한다. 이들은 거절과 관련된 공포와 염려에 대한 신경과민적 반응으로 이런 행동을 한다. 한 남자가 경계성 성격장애가 있는 여자를 떠나면 그녀는 세상에 자신과 성관계하고 싶어 하는 남자가 많다는 사실을 증명해서 걱정을 이겨내려고 한다. 그 결과 성생활이 문란해진다.

여자는 약물을 남용할 수도 있다. 약물 남용은 성적으로 절제하기 어렵게 만들 뿐만 아니라 버림받았다는 현실을 피하는 방어물이 된다. 과소비에 빠질 수도 있다. 자신은 그럴 가치가 있다면서 과소비를 정당화한다. 다른 사람과 친밀한 관계 대신 자신이 가치 있다고 느끼게 해주는 새 옷을 산다. 이런 행동은 잠시 효력이 있을 뿐, 염려를 없애주지 못한다. 하지만 경계성 성격장애가 있는 사람은 계속 이런 행동을 한다.

**5. 자살 행동, 자살 시위, 자살 위협, 자해 행동을 되풀이한다.**
이 기준이 가장 위험하다. 자신의 생명을 정말 끝내려 한다기보다 상대방이 자신을 떠나지 못하게 하려는 수단이므로 다른 기준에서는 이 행동이 제외됐다. 자신을 떠나면 자해하겠다는 위협을 상대방이 무시하기는 힘들다. 이런 위협은 적어도 한 번은 효력을 발휘하기 때문에 경계성 성격장애가 있는 사람은 이런 행동을 계속한다. 결국 무의미한 위협임을 깨달은 상대방은 이를 무시한다. 경계성 성격장애가 있는 사람은 자해 위협으로 원하는 결과를 얻지 못하면 실제 자해 행동을 계획한다. 하지만 '정말' 자살하려 했다고 보기에는 못 미치는 정도다.

정말 죽고 싶은 사람은 자살에 성공한다. 이들은 미온적으로 행동하거나 남에게 자살하겠다고 알리지 않는다. 이들은 자살을 계획하고 성공한다. 이들의 자살 시도는 망설임이 없다. 자신을 버린 상대방에게 전화해서 수면제를 먹겠다고 통보하지도 않는다. 경계성 성격장애가 있는 사람에게 반복해서 전화를 받은 상대방은 양치기 소년의 외침으로 생각하고 무시하기도 하지만, 반복된 미온적 시도가 때로는 목적을 이뤄주기도 한다.

**6.** 감정 기복이 심해 불쾌함과 예민함, 염려가 몇 시간, 드물게는 며칠씩 계속된다.

경계성 성격장애가 있는 사람은 보통 감정 기복이 심하다. 이들은 특별한 이유가 없어 보이는데 짜증 내고 우울해하며 염려한다. 이런 기분은 유쾌한 경험으로 풀어지지 않고 몇 시간, 드물게는 며칠씩 계속된다. 이들은 기분을 통제하지 못하고, 기분을 풀어주려고 노력하는 사람에게도 몹시 화를 낸다. 거절당하고 버림받을지 모른다는 두려움은 다른 사람과 함께 있을 때조차 외롭게 한다. 스스로 짊어진

외로움이다. 가까운 친척이나 애인, 친구는 기분을 풀어주려 하거나 '기운을 북돋우려다' 이들이 오히려 화내는 것을 보고 당황한다. 이 역시 자신에게 해를 끼치는 행동이다. 우울함과 분노는 친구와 애인이 떠나게 만든다. 그 결과 이들은 두려워하던 대로 혼자가 된다.

**7.** 만성적으로 공허함을 느낀다.

경계성 성격장애가 있는 사람은 만성적으로 공허함을 표현한다. 이들은 '진정한' 자신을 아는 데 어려움을 느끼며, 자신의 목적과 가치를 찾지 못하겠다고 말한다. 이들은 태도에 깊이가 없고, 열정을 쏟는 사안이나 주제를 설명하지 못한다. 이들은 거절당하거나 버림받을지 모른다는 생각에 더욱 걱정한다. 자신이 목적과 가치를 알지 못하는데 다른 사람이야 어떻겠는가.

 이런 인식은 정서적 불안을 가중하고, 다른 사람에게 화내고 적대적으로 반응하게 만든다. 결국 사람들이 떠나간다. 이는 경계성 성격장애가 있는 사람의 자기암시가 실현되는 것이다. 즉 모든 일이 벌어지게 만드는 것은 자신의 행동이다. 경계성 성격장애가 있는 사람은 공허함을 느끼지만, 주변에는 잘못된 생각을 없애줄 사람이 아무도 없다. 모두 사납고 짜증스러운 그 사람을 피해 가버렸다.

**8.** 자주 짜증을 내고, 끊임없이 분노하며, 물리적인 싸움을 반복하는 등 몹시 화를 내거나 분노를 조절하지 못한다.

거절당하고 버림받을지 모른다는 두려움과 결부된 만성적 외로움과 공허감이 '표면 아래서' 분노가 들끓게 만든다. 따라서 어느 때라도 사소한 문제로 격분할 수 있다. 우울하고 짜증스러울수록 사람들과 대립할 가능성이 크다. 이들의 행동은 친구가 되거나 알고 지낼 수 있는 사람들을 몰아낸다. 가족과 배우자는 가급적이면 이들을 상대하지 않으려 한다. 어른이 된 자녀는 자주 방문할 수 없다고 변명하고, 남편은 직장에 오래 머무르며 동료들과 어울린다. 사람들이 자신을 피한다는 그녀의 생각은 망상이 아니다. 사람들은 어떤 형태로든 그녀와 관계 맺기를 꺼린다.

이는 거울로 보듯 명백하다. 자살 시도가 가장 효력이 있을 듯하고, 분노를 해소할 다른 방법이 없는 시점이 있다. 이때 그녀는 사소한 일로도 폭발한다. 예컨대 고속도로에서 앞지르기한 사람, 무심코 나중에 온 고객을 먼저 응대한 점원, 2주 동안 전화하지 않은 며느리에게 싸우자고 덤빈다. 경계성 성격장애가 있는 젊은 여자는 물리적 싸움도 한다. 소프트볼 연습을 하고 맥주를 몇 잔 마시고 돌아온 남편 때문에 화가 난다. 이 남편은 부인이 던지는 주방 도구를 피해야 할지도 모른다. 경계성 성격장애가 있는 어머니에게 말대꾸한 자녀는 거친 말과 호된 매질을 경험하고, 심지어 뺨을 맞을 수도 있다. 경계성 성격장애가 있는 애인과 헤어진 남자는 상대방의 분노와 욕설, 주먹질을 예상할 수 있다. 유감스럽게도 이 남자의 새로운 애인 역시 경계성 성격장애가 있는 여자가 휘두르는 폭력의 피해자가 될 수 있다.

**9. 때로 스트레스와 연관된 편집증적 사고를 하거나 심각한 분열 증상을 보인다.**

경계성 성격장애가 있는 사람은 스트레스가 극심하면 정신질환 증세를 보이기도 한다. 보통 스트레스가 극심한 때는 다른 사람에게 거절당하고 버림받은 시기다. 이들은 자신을 해하려는 음모가 진행 중이고, 상대방이 떠나기까지 모든 상황이 음모에 따른 행동이라며 편집증 증세를 보이기도 한다. 버림받은 사람은 '유체 이탈' 경험을 했다고 말하기도 한다. 경계성 성격장애가 있는 사람은 자신이 어떤 상황에서 벗어나 객관적으로 그 일을 관찰했다고 생각한다. 이들은 현실을 받아들이지 못한다. 이런 일이 자신에게 결코 일어날 수 없다고 생각하기 때문이다. 이런 증상은 대개 일시적이다. 친구, 가족, 애인이 돌아오리라는 헛된 기대는 편집증 혹은 이인증(자아감 상실, 즉 의식 유무에 관계없이 체험하는 모든 것은 자신에게 속하고 자신이 주체자라는 자각이 상실된 상태―옮긴이) 증상 때문에 더욱 이뤄지기 힘들다.

### 원인과 경과

미국정신의학협회는 '친부모가 경계성 성격장애가 있는 사람이 경계성 성격장애 진단을 받을 가능성은 정상적인 부모를 둔 경우의 5배다'라고 규정한다. 이는 선천성 대 후천성의 논쟁을 더하게 만든다. 여기서 경계성 성격장애가 대부분(75퍼센트) 여자에게 발견된다는 사실을 다시 말할 필요가 있다.

본성과 관련되는가? 경계성 성격장애 진단을 받은 어머니의 딸은 유전적으로 같은 성격장애를 보이는가? 남자보다 여자에게 훨씬 많다는 사실로 미뤄 볼 때 여성호르몬과 관계있는가? 대조적으로 경계성 성격장애가 발현하는 데 양육이 영향을 미치는가? 경계성 성격장애가 친부모의 양육 습관에 직결돼 발현하는가? 혹은 딸아이가 어머니의 여러 행동을 보고 따라 하는가?

경계성 성격장애의 유전 가능성에 대한 연구는 선천성과 후천성을 모두 보인다. 이에 따라 성격장애를 유전으로 단정 짓기는 어렵다. 하지만 많은 연구 결과가 공격성과 충동성이 유전 가능하다는 사실을 나타낸다. 세로토닌과 공격성, 충동성의 정도가 반비례한다는 연구 결과도 있다. 즉 세로토닌 수치가 감소하면 공격성과 충동성이 증가한다. 결론적으로 유전에 의해 세로토닌의 분비량이 결정되고, 세로토닌 수치는 공격적이고 충동적인 행동 가능성과 직접 관련된다고 말할 수 있다.

이와 대조적으로 지속적으로 학대받은 아이의 세로토닌 수치가 감소했음을 보여주는 연구 결과도 있다. 연구 결과에 따르면 세로토닌 수치를 조절하면 공격적이고 충동적인 행동 가능성도 조절할 수 있다. 하지만 의문은 여전히 남는다. 공격성은 세로토닌 수치를 통해 유전되는가, 친부모의 행동이 세로토닌 생성을 줄이고 그 결과 공격성과 충동성이 더해지는가?

대다수 사람은 자살 시도나 폭력 행사, 가정 폭력이나 아동 학대를 한 뒤 치료받기 시작한다. 경계성 성격장애가 있는 사람은 나이가 들면서 증상이 완화된다. 약물과 상담 치료로도 완화된다. 경계성 성격장애는 치료받지 않으면 증상이 만성적으로 계속되지만, 치료받으면 대부분 나아진다.


### 대하는 법

경계성 성격장애가 있는 사람은 감정 기복이 심하다. 거절당하고 버림받을지 모른다는 두려움과 결부된 만성적 외로움과 공허감 때문에 사소한 문제로 격분하거나 우울해하고 짜증을 부린다. 이런 행동은 친구를 몰아내고 가족과 배우자조차 그들을 상대하고 싶지 않게 한다. 이는 다시 거절당하고 버림받을지 모른다는 두려움과 결부된 만성적 외로움과 공허감을 증폭하는 악순환을 가져온다. 경계성 성격장애 증상은 부모와 애착 형성이 불안정해서 나타나는 것으로 보며, 치료받지 않으면 만성적으로 계속되지만 치료받으면 대부분 나아진다.

경계성 성격장애가 있는 사람은 한결같은 태도로 대하는 것이 가장 중요하다. 그들의 감정 기복에 휘둘리지 않도록 냉정함을 잃지 말고 일정한 선을 정해놓고 대해야 한다. 그들의 감정 기복에 함께 반응하면 그들은 버림받을지 모른다는 두려움에 더욱 상처를 받는다.

## 07 히스테리성(연극성) 성격장애
Histrionic Personality Disorder

# 지나치게 감정적이고
# 시선을 끄는 행동을 한다

### 시나리오

오랜 세월 열심히 일하고 희생한 대가를 마침내 받았다. 존은 세계적인 규모를 자랑하는 보험회사에서 부사장으로 승진했다. 승진을 축하하는 칵테일 리셉션에 참석하며 존은 성취감에 가슴이 벅찼다. 서른다섯 살 전에 부사장이 됐다는 사실에 성취감은 한층 더했다. 지금까지 40대 중반 이전에 부사장이 된 사람은 한 명도 없다. 존이 개인적으로 축하할 일은 승진뿐만 아니다. 일의 노예로 지내던 상태에서 벗어난 것 역시 축하할 일이다.

 아버지는 존이 열 살 때 어머니와 세 자녀를 버렸다. 존은 학비를 벌고 가계에 보탬이 되기 위해 패스트푸드점에서 아르바이트를 하고, 술집에서 잔일을 하고, 삼교대로 공장 일도 했다. 존은 지역의 전문대학에서 학위를 받은 뒤 종합대학에 등록했다. 근무 일정도, 성공하기 위한 끊임없는 노력도 그를 힘들게 하기는 마찬가지였다. 존은 일하고, 학교 다니고, 공부하고 남는 시간에야 잘 수 있었다. 쉴 시간도, 친구들과 어울릴 시간도 없었다.

종합대학에서 맞은 첫 학기에 존은 친구들과 어울리려고 노력했다. 하지만 그 때문에 중간고사에서 성적이 떨어졌다. 존은 우선순위가 무엇인지 생각하고 사교 생활을 제쳐 놓았다. 그의 목표는 분명했다. 존은 성공하고 싶었다. 어머니를 돕고 동생들을 가난에서 벗어나게 하려면 돈이 필요했다. 존은 복권 당첨 같은 허황된 생각을 하지 않았다. 열심히 노력해야 성공할 수 있다는 것을 알았다. 존은 경영학 학사 학위를 받고, 같은 대학에서 재무경영학 석사 학위를 마치기 위해 조교가 됐다.

조교 일은 예상보다 많은 시간이 필요했고, 교수는 부족한 생활비를 벌기 위해 바텐더로 일하는 존을 못마땅하게 여겼다. 조교 수당으로는 등록금, 책값, 자신이 검소하게 생활하는 비용 정도를 충당할 수 있었다. 교수는 존이 바텐더로 일하는 것이 경영학과에 부정적인 영향을 미친다고 생각했다. 졸업에 필요한 교수 추천을 받지 못할까 염려한 존은 바텐더 일을 그만두고, 야간에 식료품점에서 일했다. 그는 매니저에게 상황을 설명했다. 매니저는 아무도 존을 보지 못할 것이며, 식료품점에서 일한다는 사실도 비밀로 해주겠다고 약속했다.

존은 낮에는 학교에서, 밤에는 식료품점에서 지냈다. 남는 시간에는 공부하고 자야 했다. 친구들과 어울릴 시간을 포기한 대신 어머니와 동생들을 부양할 수 있었다. 존은 가족을 돌보며 만족했다. 당시에는 더 원하는 것이 없었지만, 언젠가 돈을 많이 벌어 어머니를 부양하고 자신의 가정을 이루겠다는 꿈을 꿨다.

졸업 후, 교수는 '학교를 대표하는' 졸업생을 위해 모든 연줄을 동원했다. 스물다섯 살 존은 보수가 높은 여러 일자리를 제안 받았지만, 교수를 당황하게 만들며 그 지역에 본부를 둔 보험회사의 하급직을 선택했다. 세계적인 보험회사지만 존이 받아들인 자리의 봉급은 다른 일자리에 비해 훨씬 낮았다. 대학원 동기와 교수, 새로운 회사 동료를 어리둥절하게 한 존의 선택에는 이유가 있었다.

그는 중심지의 '주요 기업'에서 일하는 '부유하고 젊은 엘리트' 경영인의 세계로 들어갈 마음이 없었다. 존은 바텐더로 일하며 젊은 경영인들을 지켜봤고, 그들의 생활 방식에 질렸다. 그들을 비난하지 않았지만 그들과 다른 선택을 했다. 존은 어머니와 같은 집에 살고, 가족과 교회에 출석하고, 동생들의 가족과 함께 즐거운 시간을 보냈다. 이것이 그가 원한 삶이다.

존은 자신을 일중독자라 규정하며 일주일에 60시간 이상 일했다. 가장 힘든 업무를 떠맡고, 동료들과 어울리는 일은 피했다. 존은 동년배와 정반대로 살았다. 근무가 끝나는 시간에 젊은 인재들은 삼삼오오 '고급' 술집으로 갔다. 그곳에서 남녀가 만나고, 젊은 연인들은 얼마 지나지 않아 약혼을 발표했다. 존은 인사치레로 결혼식에 참석했고 그들의 행복을 빌었다.

존의 행동은 눈에 띄었다. 동료들은 뒤에서 존이 사교성이 부족하다고 수군거렸지만, 상급자들은 열심히 일하는 그를 눈여겨봤다. 존은 말없이 다니며 중요한 일을 처리했고, 다른 동료들처럼 상사에게 아부한다고 비난받을 일도 하지 않았다.

서른다섯 살에 미혼인 존은 어머니와 함께 살았다. 존은 데이트를 하거나 동료들과 어울리지 않았다. 하지만 업무 성과와 생산성은 부사장으로 승진하기에 충분할 만큼 대단했다. 동료들은 결혼하고, 자녀를 낳고, 집을 장만하고, 대출금을 갚고, 축구 경기에 참여했지만 존은 은퇴가 확실한 재무부 부사장의 후계자가 되기 위해 계속 노력했다. 사람들이 존의 목표가 무엇인지 알았을 때, 그는 꿈꾸던 자리에 지명됐다.

네 배나 많은 급여, 회사 차, 스톡옵션, 꼭대기 층에 있는 사무실은 사람의 인생관을 확실히 바꿨다. 존은 어머니의 융자금을 갚고, 따로 집을 사서 독립했다. 업무량을 줄일 생각은 없었다. 그렇게 사는 데 익숙했기 때문이다. 하지만 이제 사람들과 어울려야겠다고 결심했다.

존은 부사장이라고 권위를 내세우지 않았다. 오랜 시간 목표를 위해 열심히 일했고, 절제했으며, 희생했다. 교만하거나 건방지지도 않았다. 존이 이룬 결과는 열심히 일한 대가다. 다른 젊은 경영인들은 승진에서 밀린 이유를 대려고 존을 깎아내리는 발언을 했다. 하지만 존이 임원이 되고 회사와 그들의 미래가 존의 손에 달리자 이런 행위는 바로 사라졌다.

칵테일 리셉션에 참석한 존은 곧장 동기들과 신입 사원들에게 둘러싸였다. 존은 넘쳐나는 축하의 말이 인사치레임을 알았다. 동료들의 시기심과 신입 사원들의 '그런 체하는' 행동을 알았다. 존은 회사에서 자신의 장래가 이곳에 있는 직원들의 생산성을 늘리는 능력에 달렸음을 알기에 겉치레일 뿐인 행동을 참을 수 있었다. 시간이 흘러 저녁이 됐고, 존은 연령대가 다양한 남자들이 눈에 띄게 매력적인 신입 사원 주변에 모여 있는 모습을 봤다. 존은 직원들에게 사교적인 사람으로 보이고 싶었기에 마티니를 들고 무리를 향해 갔다.

존의 존재를 알아챈 사람들이 길을 내주자, 눈에 띄게 매력적인 그 아가씨가 스스럼없이 존의 팔을 잡고 사람들 가운데로 데려갔다. "여러분, 여기 이분이 새로운 부사장님이에요." 거침없는 여자의 말에 다른 남자들은 웃었지만, 존은 얼굴을 붉혔고 사람들은 어색해하며 서둘러 흩어졌다. 그 아가씨가 존을 빤히 바라보며 약간 당황한 기색으로 말했다. "어머나, 제가 괜한 말을 했나 봐요. 부사장님을 곤란하게 만들었다면 용서해주세요. 저는 트레이시예요. 승진을 진심으로 축하드려요." 트레이시는 존의 팔을 놓지 않았고, 존은 당황해서 말을 잃었다. 마침내 평온함을 되찾은 존은 자신은 괜찮고 진심을 담은 축하에 감사한다며 트레이시를 안심시켰다.

존은 마티니를 두 잔 더 마시고 트레이시에게 배가 고프지 않은지, 함께 저녁을 하면 어떻겠는지 물었다. 트레이시는 좋다고 했고 두 사람은 유쾌한 저녁 시간을 보냈다. 눈을 반짝이며 자연스레 이야기하는 트레이시는 귀엽지만 어른스럽지는 않았다. 존은 잘 웃는 트레이시에게 반했다. 그들은 저녁 식사를 하는 동안 이야기를 나눴다. 트레이시는 최근 존의 모교에서 재무경영학 석사 학위를 마쳤고, 회사에서 일한 지는 한 달밖에 되지 않았다고 했다. 트레이시는 일에 있어서 포부와 이국적인 지역으로 여행하기 원하는 꿈에 대해 말했다. 존은 예쁘고 똑똑하고 거침없는 이 아가씨에게 완전히 매료됐다.

트레이시는 집까지 태워다주겠다는 존의 제안을 수락했

다. 그녀는 아파트 앞에 차를 세운 뒤에야 자신의 차는 회사 뒤편에 있다고 말했다. 트레이시의 차를 전혀 생각지 않은 존은 당황했다. 밤을 함께 보내려는 음흉한 계획을 한 것으로 오해할까 염려되기도 했다. 존이 당황했음을 느낀 트레이시는 처음부터 자신이 의도한 상황이라고 말하고, 긴 머리를 뒤로 넘기며 웃음을 터뜨렸다. 트레이시는 안전벨트를 풀고 운전석과 조수석 사이의 콘솔 너머로 몸을 뻗어 존의 볼에 키스했다. "멋진 저녁을 보내게 해주셔서 감사해요. 내일 택시 타고 출근하면 돼요." 트레이시는 존이 무슨 말을 하기도 전에 차에서 내려 아파트 입구로 종종 걸어가더니 문 뒤로 사라졌다. 어리둥절해하던 존의 입이 귀에 걸렸다. 사람들과 많이 어울리지 않았지만 존은 수도승이 아니었다. 게다가 트레이시 같은 여자를 만난 적은 한 번도 없었다.

존은 부사장의 지위를 이용해 인사부에서 트레이시의 주소를 알아냈다. 다음 날 트레이시가 집에 돌아가니 존이 보낸 장미 24송이와 카드가 있었다. 카드에는 금요일에 저녁 식사를 하자고 쓰여 있었다. 금요일 저녁 8시에 시작된 두 사람의 만남은 일요일 오후에야 끝났다. 존은 마지못해 트레이시의 품을 벗어나 집으로 돌아왔다. 두 사람은 석 달 뒤 결혼했다.

하와이에서 신혼여행을 즐기고 있을 때였다. 비키니를 입은 트레이시는 존이 자리를 비울 때마다 일어나 수영장을 활보했다. 남자들은 트레이시를 보고 좋아한 반면, 여자들은 역겨워했다. 완벽한 몸매에 아름다운 젊은 여성을 넋 놓고 바라보다가 아내에게 타박 받는 남자도 많았다. 존은 남자들의 말에 경박하게 웃는 트레이시의 모습을 봤다. 여자들 사이를 지날 때면 무시하듯 고개를 젓는 모습도 봤다. 트레이시는 시선을 끌려고 수영장을 누비고 다녔으며, 목적을 달성한 게 분명했다. 며칠이 지나자 존과 트레이시가 수영장에 나타나면 여자들은 남편을 끌고 가버렸다.

저녁 식사를 마치고 존과 트레이시는 춤을 췄다. 트레이시의 선정적인 춤은 사람들의 눈길을 끌었다. 스위트룸에서 트레이시는 기분이 좋지 않았고, 성관계에도 별로 관심이나 욕구를 보이지 않았다. 존은 결혼 전 두 사람의 성관계를 떠올렸다. 그때 트레이시는 호랑이처럼 거침없고 지칠 줄 몰랐는데, 결혼하고 나서는 그러지 않았다.

결국 존은 트레이시가 남자들의 시선을 끄는 '과시' 행동을 하는 것을 비난했고, 트레이시는 존이 질투심 때문에 괜한 트집을 잡는다며 폭발했다. 존은 바로 주장을 굽히고 사과했다. 트레이시의 아름다움에 대한 찬사에 그녀는 마지못해 사과를 받아들였다. 존은 트레이시를 바라보는 남자들을 질투했다고 인정했다. 존은 트레이시의 부적절한 행동을 탓하기보다 남자들의 넋 나간 시선과 자신의 분별없는 질투심이 문제라는 데 동의했다.

트레이시는 결혼 초기에 임신했다. 가릴 수 없을 만큼 배가 나오자 사람들이 트레이시가 임신했다는 사실에 관심을 가졌고, 그런 관심에 트레이시는 흡족해했다. 여자들은 축하의 말을 건넸지만, 남자들은 이제 트레이시를 주목하지 않았다. 트레이시는 존에게 자신이 끔찍해 보인다고 일부러 과장해서 말했다. 존이 트레이시를 칭찬하며 위로하지 않으면 이성을 잃고 눈물을 터뜨렸고, 자신을 사랑하지 않는다며 존을 비난했다.

출산 후 트레이시는 참을 수 없었다. 트레이시는 딸에게 모유 수유하기를 거부하고 유모를 고용했다. 트레이시가 날씬하고 손색없는 몸매로 돌아가기 위해 비싼 헬스클럽에서 시간을 보내는 동안 유모가 아기를 돌봤다. 트레이시는 긴 시간을 헬스클럽에 투자한 뒤 임신 전 시선을 끌던 몸매를 되찾았다. 존이 헬스클럽에 등록해서 함께 운동하겠다고 하면 트레이시는 화를 냈다. 헬스클럽은 트레이시의 활동 무대임이 분명했다.

트레이시는 자기에게 유리하다는 생각이 들 때마다 어린 딸을 '챙겨서 데리고' 쇼핑하러 갔다. 이때만큼은 존의 딸이 아니라 자신의 딸이었다. 트레이시는 다시 사람들에게 주목받을 수 있었다. 이런 일은 사람들의 관심이 자신이 아니라 딸에게 향한 것임을 트레이시가 깨닫기까지 계속됐다. 트레이시가 딸이나 존과 함께 지내는 시간은 점점 줄었고, 집 밖에서 보내는 시간은 점점 늘었다. 집에 있을 때면 트레이시는 언짢아하고 투덜거렸다. 하지만 존이 저녁 식사나 칵테일파티에 가자고 하면 곧 기분이 나아졌다.

칵테일파티에서 자신을 우러러보는 남자들에게 둘러싸였을 때 트레이시의 기분은 최고였다. 자신이 주목받지 못하거나 다른 여자가 사람들의 관심을 차지하면 트레이시는 긴 머리를 뒤로 젖히거나 존에게 두통이 심하니 집에 가자고 일부러 큰 소리로 말했다. 트레이시의 천부적인 연기력은 사람들의 관심을 끌었다. 그들이 염려를 표하면 트레이시의 상태는 갑자기 좋아졌다. 트레이시는 외모가 수려했고, 파티를 위해 몇 시간씩 준비했으며, 몸매가 잘 드러나는 드레스를 입었다. 트레이시는 일부러 조금 늦게 파티 장소에 도착해, 입장하면서 사람들의 시선을 독차지하고 외모와 드레스에 대해 찬사 받기를 즐겼다. 칵테일파티에 트레이시와 똑같은 드레스를 입은 여자가 있으면 곧장 집으로 돌아왔다.

존은 얼마 지나지 않아 트레이시가 다른 남자와 불륜 관계인 것을 알았고, 트레이시와 이혼했다. 존과 딸은 트레이시의 히스테리성 성격장애의 피해자다.

### 특징과 진단 기준

미국정신의학협회는 '히스테리성 성격장애의 주요한 특징은 지나치게 감정적이고 시선을 끄는 행동을 하는 것이다'라고 규정한다. 히스테리성 성격장애는 일반적으로 여자에게 훨씬 많이 나타나고, 사춘기 후반이나 성인기 초반에 시작된다. 미국정신의학협회가 상술하는 히스테리성 성격장애의 구체적인 진단 기준은 다음과 같다.

지나치게 감정적이고 시선을 끄는 행동 양식은 성인기 초반에 시작되고, 상황에 따라 다양한 모습으로 표현된다. 다음 중 5가지 이상 해당하면 히스테리성 성격장애의 징조다.

1. 자신이 관심의 중심에 있지 않은 상황을 불안해한다.
2. 다른 사람과 관계에서 선정적·도발적 행동을 한다.
3. 감정이 급격히 변하고 깊이가 없다.
4. 사람들의 관심을 끌기 위해 외모를 이용한다.
5. 상세한 설명이 부족하고 막연하게 말한다.
6. 감정을 과장되게 꾸며서 극적으로 표현한다.
7. 다른 사람이나 환경에 쉽게 영향을 받는다.
8. 사람과 관계에서 실제보다 친하다고 여긴다.

## 진단 기준 해설

**1.** **자신이 관심의 중심에 있지 않은 상황을 불안해한다.**

히스테리성 성격장애가 있는 사람은 관심의 중심에 서지 못하면 불안해한다. 자신이 관심 받을 자격이 있다고 생각하기에 그 중심에 서지 않으면 제대로 대접받지 못한다고 느낀다. 히스테리성 성격장애가 있는 사람은 사교적이고 사람들과 어울리기 좋아하며 수다스럽다. 이들은 어떤 장소에 들어설 때 사람들이 주목하기를 바라고, 그렇지 않으면 자기 가치를 인정받지 못했다고 느껴 관심을 끌 만한 행동을 한다. 아는 사람들에게 다가가서 재치 있고 친근한 말투로 왜 인사하지 않느냐고 묻는다. 이들은 다른 사람들의 대화를 거침없이 끊고, 모르는 사람에게 자신을 소개하며 관심을 모은다. 특정 상대방의 역할을 뺏기도 한다.

　히스테리성 성격장애가 있는 사람은 주목받지 않고는 배기지 못하기에 친구 남편의 볼에 키스하거나, 일부러 칵테일을 쏟거나, 어지럽다고 유난을 떨거나 기절하는 등 소동을 피운다. 금연 구역에서 자기 담배에 불을 붙여달라고 요구할 수도 있다. 결국 그녀는 다른 사람들이 이곳에서는 담배를 피울 수 없다고 자신에게 말할 상황을 연출한다. 히스테리성 성격장애가 있는 사람은 주목받을 만한 과장된 이야기를 금방 생각해낸다. 관심을 끌려는 모든 시도가 실패하면 이들은 종종 그 장소를 떠나는 행위로 관심을 끈다.

갑자기 떠나면 사람들이 주목할 뿐만 아니라, 자신이 제대로 대접받지 못한다고 느끼는 것을 알릴 수도 있다.

**2.** 다른 사람과 관계에서 선정적·도발적 행동을 한다.

히스테리성 성격장애가 있는 사람은 사교 모임이나 직장을 가리지 않고 선정적·도발적 행동을 해서 시선을 끌고, 애인과 공개적으로 지나친 애정 표현을 한다. 사람들 앞에서 키스하고 애무하면 관심을 끌 수 있기 때문이다. 이런 행동 때문에 다른 사람들과 마찰이 일어나기도 한다. 공공연히 애정 표현을 하던 사람이 다른 사람의 애인이 되는 경우 문제가 생길 수 있다.

히스테리성 성격장애가 있는 사람이 공개적으로 친밀감을 표현하는 대상은 배우자나 애인뿐만 아니다. 이들은 다른 사람의 배우자나 애인에게도 그런 행동을 한다. 히스테리성 성격장애가 있는 유부녀가 다른 여자의 남편을 포옹하고 키스하면 주목받을 게 뻔하다. 그녀는 주목을 끌 뿐만 아니라 자신의 남편과 상대 남자의 아내를 화나게 만든다. 포옹 받고 키스 당한 남자는 화난 아내의 심문을 견뎌야 할 것이다. 히스테리성 성격장애가 있는 여자의 남편은 아내의 행동 때문에 당황하고, 그 남자와 더 깊은 관계가 아닌지 근심할 것이다. 히스테리성 성격장애가 있는 여자는 주목받는 데 성공했지만, 두 가정에 모두 해를 끼친다. 이제 그녀는 부적절한 행동을 목격한 모든 사람의 입방아에 오르내린다.

직장은 히스테리성 성격장애가 있는 사람이 선정적이고 도발적인 행동을 하기 좋은 장소다. 그녀는 동료들이 모두 보는데 상사의 사무실로 들어가서 허벅지가 드러나도록 다리를 꼬고 앉는다. 다른 사람들의 시선을 의식하며 상사의 팔을 만지거나 감탄하는 눈으로 상사를 바라본다. 동료들 사이에서 화제의 주인공이 된다면 그녀가 성공한 것이다. 상사가 그녀의 선정적이고 도발적인 행동을 수용하면 승진에 관심 있는 동료들은 분노한다. 히스테리성 성격장애가 있는 여자는 주목받고 싶을 뿐, 승진에는 별 관심이 없다.

**3.** 감정이 급격히 변하고 깊이가 없다.

히스테리성 성격장애가 있는 사람은 계속 주목받아야 직성이 풀리기 때문에 상황 변화에 민감하다. 새로운 손님이 도착하거나, 대화 주제가 바뀌거나, 관심이 다른 사람에게 쏠리면 히스테리성 성격장애가 있는 사람도 변해야 한다. 따라서 감정 변화가 급격하고, 특정한 사안에 깊이 혹은 오래 집중하지 못한다. 이들이 표현하는 정서는 피상적이고 진심이 아니다. 예를 들어 새로 도착한 손님이 모인 무리에게 임신 사실을 알리고 축하와 격려를 받으면, 히스테리성 성격장애가 있는 여자는 관심을 빼앗은 임신부에게 우호적이지 않다. 그녀는 겉치레로 축하의 말을 건넨다. 사람들은 사랑하는 이를 잃은 사람을 진심으로 동정하지만, 히스테리성 성격장애가 있는 사람은 겉치레로 위로할 뿐이다.

**4. 사람들의 관심을 끌기 위해 외모를 이용한다.**

히스테리성 성격장애가 있는 사람은 관심을 끌기 위해 외모를 이용한다. 이는 선정적이고 도발적으로 행동하는 것과 직접 관련된다. 히스테리성 성격장애가 있는 사람은 옷을 축구광처럼 입지 않고, 성적인 욕구나 유혹을 느끼도록 입는다.

히스테리성 성격장애가 있는 여자는 '그럴듯하게' 보이기 위해 많은 시간과 돈을 쓴다. 흔히 "여자들은 여자에게 보이고자 옷을 입는다"고 하지만, 이 말은 히스테리성 성격장애가 있는 여자에게 적용되지 않는다. 히스테리성 성격장애가 있는 여자는 남자들의 관심을 받고자 상황에 적합하지 않은 옷을 입는다. 이들은 교회에 가거나 장례식에 참석하면서 칵테일 드레스(여자의 약식 야회복—옮긴이)를 입는다. 히스테리성 성격장애가 있는 여자는 다른 기혼 여성과 친구들을 화나게 만든다.

히스테리성 성격장애가 있는 사람은 자신이 가장 아름답다는 환상을 품지 않는다. 이런 환상은 자기애성 성격장애가 있는 사람에게 흔하다. 히스테리성 성격장애가 있는 사람은 자신이 '성적 매력이 넘치는' 절세미인이 될 필요는 없다고 생각한다. 하지만 그녀는 자신의 장점이 잘 드러나는 옷을 입는다. 가슴이 큰 사람은 목이 깊게 파인 원피스나 블라우스를, 다리에 자신이 있다면 짧은 치마나 허벅지까지 터진 원피스를 고른다. 신체적인 특징은 없지만 균형 잡힌 몸매라면 엉덩이와 허리, 가슴이 잘 드러나도록 몸에 꼭 맞는 옷을 입는다.

히스테리성 성격장애가 있는 여자는 남자들에게 성적 관심을 끌고 여자들의 질투심을 유발하는 옷을 좋아한다. 아내나 여자 친구는 이런 여자에게 시선을 빼앗긴 남편과 남자 친구의 옆구리를 찌르고, 엄한 눈으로 쳐다보며 나무란다. 히스테리성 성격장애가 있는 두 여자가 같은 모임에 참석하면 흥미로운 상황이 벌어진다. 두 여자는 같은 공간에 머무르지 못한다. 둘 이상의 모임을 수용할 만큼 공간이 넉넉하다면 갈등을 피할 수 있다. 히스테리성 성격장애가 있는 두 여자가 같은 칵테일 드레스를 입고 파티에 참석한 상황을 생각해보자. '파티에서 같은 칵테일 드레스를 입은 여자는 오뉴월에도 서리가 내리게 할 원한을 품는다.' 의상 디자이너와 보석 디자이너는 오스카상과 에미상 시상식에 참여하는 유명인에게 '하나뿐인' 드레스와 액세서리를 팔고 큰돈을 번다. 하지만 오스카 시상식에 참여하는 두 여자에게 같은 드레스를 판매한 디자이너는 파산할 것이다.

머릿결이 아름다운 사람은 이를 돋보이게 하고자 많은 시간을 쓴다. 눈이나 광대뼈도 마찬가지다. 히스테리성 성격장애가 있는 젊은 여자는 성형수술을 한다. 여자들은 나이가 들어도 주름이나 검버섯이 없기를 바란다. 이는 히스테리성 성격장애가 있는 여자의 예가 아니다. 히스테리성 성격장애가 있는 여자는 외모를 돋보이게 하고자 몸과 얼굴의 특정 부위를 확대 혹은 축소 수술한다. 성형수술을 한다고 모두 히스테리성 성격장애가 있는 것은 아니지만, 단지 외적으로 나아 보이기 위해 몸이나 얼굴을 바꾸는 여자들은 히스테리성 성격장애를 생각해볼 수 있다.

히스테리성 성격장애에 대한 논의는 여자를 중심으로 했다. 히스테리성 성격장애가 여자에게 흔하기 때문이다. 그러나 남자 역시 히스테리성 성격장애일 수 있다. 다음 특성을 보이는 남자는 히스테리성 성격장애가 분명하다.

자기애성 성격장애가 있는 남자는 자신이 가장 잘생겼다고 믿지만, 외모에 많은 시간과 돈을 투자하지 않는다. 자기애성 성격장애가 있는 남자는 필요치 않아도 자동차에 상당한 돈을 들인다. 하지만 히스테리성 성격장애가 있는 남자는 외모에 상당한 시간과 돈을 들인다. 히스테리성 성격장애가 있는 남자는 완벽하게 균형 잡힌 근육을 만들고자 터무니없이 많은 시간을 헬스클럽에서 보내며, 신체적인 특징을 드러내기 위해 옷을 입거나 벗는다. 완벽한 이

두박근을 만든 남자는 항상 민소매 셔츠를 입는다. 복근이 '잘 단련된' 남자는 셔츠를 입지 않거나 단추를 채우지 않는다. 엉덩이가 예쁜 남자는 한 사이즈 작은 청바지를, 허벅지가 발달한 남자는 스판덱스 반바지를 입는다. 히스테리성 성격장애가 있는 남자는 히스테리성 성격장애가 있는 여자와 동일하게 성적인 매력이 넘치는 몸이 잘 드러나는 옷을 좋아하고, 사람들의 시선을 끄는 데 실패하면 불안해한다.

**5. 상세한 설명이 부족하고 막연하게 말한다.**
히스테리성 성격장애가 있는 사람은 주목받기 위해 특정 어법으로 말하는 경향이 있다. 이들은 눈에 띄는 어조로 말하지만, 의미 있는 내용은 빠졌기 쉽다. 이들에게는 무엇을 말하는가보다 어떻게 들리는가가 중요하다. 메릴린 먼로(Marilyn Monroe)가 부른 '해피 버스데이 미스터 프레지던트'(먼로가 케네디 대통령의 생일을 축하하는 자리에서 부른 노래—옮긴이)는 히스테리성 성격장애가 있는 사람이 관심을 끌고자 유혹적 어조를 사용한 좋은 예다. 여기서 성적인 유혹을 볼 수 있다.

**6. 감정을 과장되게 꾸며서 극적으로 표현한다.**
히스테리성 성격장애가 있는 사람에게 세상은 무대다. 이들의 첫째 목적은 언제나 주목받는 것이다. 부자연스러움은 이 목적을 이루기 위한 방법이다. 이들은 감정을 극적으로 표현해 상황을 주도하려 하고, 주목받지 못하면 인정받지 못했다고 느낀다. 따라서 주목받지 못하면 천부적 재능을 이용해 좌절과 우울, 절망을 극적으로 드러낸다. 시선을 끌고자 하므로 감정 표현은 과장할 수밖에 없다. 이들은 큰 소리로 오랫동안 웃고, 발작적으로 울며, 불필요한 논쟁에 참여한다.

때로는 과장된 감정 표현이 히스테리성 성격장애가 있는 사람에게 역효과를 가져온다. 이들은 항상 과장되게 행동하며, 끊임없이 주목받고 칭찬받기를 원하기 때문에 가족과 친한 친구들은 지친다. 시간이 흐르면 감정을 과장되게 표현해도 주목을 받기 어려워지고, 연애 관계나 친밀한 우정을 유지하기 어렵다. 히스테리성 성격장애가 있는 사람이 나이가 들면 반응하는 새로운 레퍼토리가 생겨나기도 하지만, 감정을 과장되게 표현하는 기본적인 특징은 유지되며 주목받고자 하는 새로운 행위도 쉽게 감지된다.

**7.** 다른 사람이나 환경에 쉽게 영향을 받는다.

히스테리성 성격장애가 있는 사람은 주목받고자 하는 욕구 때문에 다른 사람들의 제안에 약하다. 이들은 애인이나 사회적 · 정치적 · 경제적으로 영향력 있는 사람의 제안을 쉽게 수락한다. 제안과 관련된 이성적 분별없이 제안한 사람이 중요하다고 생각하기 때문에 받아들인다. 이들은 중요하다고 생각하는 사람 혹은 애인과 자신을 동일시하는 것으로 자신도 주목받는다고 믿는다.

히스테리성 성격장애가 있는 사람은 노련한 '사기꾼'의 사기 행위에도 취약하다. 영리한 사기꾼은 히스테리성 성격장애가 있는 여자를 노린다. 히스테리성 성격장애가 있고 부유한 여자는 계속 자신을 주목하며 말이 번드르르한 사기꾼에게 걸려들기 쉽다. 이런 여자는 사기꾼에게 좋은 먹잇감이다. 사기꾼은 히스테리성 성격장애가 있는 여자가 관심과 찬사를 받기 원하는 것을 알기에 '공주'처럼 대접하고, 간교하게 그녀의 아름다움과 지능, 남자에 대한 '취향'을 칭찬한다. 히스테리성 성격장애가 있는 여자의 특징은 이런 사기꾼의 행위로 강화되고, 여자는 사기꾼의 접근에 더욱 취약해진다. 사기꾼의 목적은 경제적인 이득을 취하는 것이지 연애가 아니다. 하지만 사기꾼은 연애하는 것처럼 헤프게 행동한다.

## 8. 사람과 관계에서 실제보다 친하다고 여긴다.

주목받고 싶은 욕구는 사람들과 친밀한 관계를 더 중요시하도록 만든다. 이는 연애 관계뿐만 아니라 사교 관계에서도 마찬가지다. 그저 알고 지내는 사람이 부러워할 만한 평판을 받으면 갑자기 '친한 친구'로 변한다. 그러면 부러운 평판을 받는 사람에게서 히스테리성 성격장애가 있는 사람에게로 관심이 옮겨진다. 간단히 말해 '친하지도 않으면서 저명한 사람의 이름을 파는 것'이다. 하지만 히스테리성 성격장애가 있는 사람은 저명한 사람과 자신의 관계가 실제라고 믿는다. 저명한 사람이 이들을 친한 친구로 여길 것이라는 믿음은 착각이지만, 히스테리성 성격장애가 있는 사람의 이런 행위는 더욱 강화된다. 다른 사람들에게 친한 친구의 지위를 알리면 쉽게 주목받을 수 있기 때문이다.

**영향**

히스테리성 성격장애가 있는 사람은 계속 주목받지 못하면 위험할 정도로 절망에 빠진다. 상황을 주도하려는 과장된 시도가 성공하지 못하면 더욱 극적인 방법을 취한다. 그녀는 다른 사람들을 모방해서 성적으로 난잡해지거나 자살을 시도하는 등 예전에 하지 않던 행동을 한다. 자살을 시도한다고 해서 정말 죽고 싶은 것은 아니며, 관심을 끌고 자기 가치를 인정받고 싶을 뿐이다.

　모든 시도가 쓸모없어지면 전문적인 임상 치료를 시작한다. 이때 의사가 히스테리성 성격장애를 인식하는 것이 중요하다. 히스테리성 성격장애를 제대로 진단하지 못하면 치료받은 결과 증상이 심해질 수 있다. 공감하고 인정해주면 히스테리성 성격장애가 심해지기 때문이다. 하지만 주목받고자 하는 심리적 욕구에 맞서면 히스테리성 성격장애가 있는 사람은 보통 치료받기를 그만둔다.

### 대하는 법

히스테리성 성격장애가 있는 사람의 심리에서 가장 중요한 사항은 주목받는 것이다. 자기애성 성격장애가 있는 사람과 달리 자신이 가장 아름답다는 환상을 품지 않는 대신, 자신의 장점이 잘 드러나는 옷을 입어 이성이나 다른 사람의 시선을 끈다. 여자는 남자들의 성적 관심을 끌 수 있는 옷을 입고, 남자는 완벽한 근육을 만들고자 터무니없이 많은 시간을 헬스클럽에서 보낸다.

   히스테리성 성격장애가 있는 사람은 내면이 공허하기 때문에 화려한 겉모습이나 눈에 띄는 어조는 주위의 시선을 끌지만 알맹이가 없다. 그들의 피상적인 말과 자기중심적인 행동은 주변 사람을 질리게 한다. 따라서 히스테리성 성격장애가 있는 사람을 대해야 한다면 일정한 선을 정하는 것이 중요하다. 그들의 시도를 다 공감하고 받아준다 해도 그들의 애정 욕구는 채울 수 없고, 무시하거나 냉담하게 대하면 그들은 상처 받고 우울증에 빠지기 때문이다.

## 08 자기애성 성격장애
Narcissistic Personality Disorder

## 잘난 체하고 칭찬받기를 원하며, 공감 능력이 부족하다

### 시나리오 1

블레이크는 아내가 이혼소송을 제기했다는 사실을 믿을 수 없었다. 아내는 소송 사유로 간통을 들면서 자녀 양육권까지 요구했다. 블레이크는 앞에 놓인 서류를 가만히 바라보다가 흩어버렸다. 아내는 소송을 끝마치지 못할 것이다. 아내는 블레이크를 만난 일이 인생 최고의 사건이었음을 알아야 한다. 아내는 양육권은 물론 한 푼도 받지 못한 채 빈털터리로 집에서 나가야 할 것이다. 블레이크는 결과가 그렇게 되리라 확신했다. 블레이크는 아내의 어리석은 행동에 대응할 생각이다. 아내의 뻔뻔스러운 행동을 생각할수록 화가 났다. 아내는 대가를 치를 것이다. 블레이크는 차라리 잘된 일이라 생각했다. 집에 머무르는 법이 없으며,

가족을 생각하지 않고 돈을 쓴다는 아내의 불평이 지겨웠다. 아내는 나이 들었고, 이제 허리가 잘록한 몸매도 아니다. 아내와 섹스 하는 일은 아주 드물고 지루하다. 블레이크는 자신에게 더 나은 여자가 어울린다고 생각했다. 아내를 떠나 더 나은 여자를 만날 것이다.

블레이크는 부유한 남부 가문의 외아들이다. 그의 할아버지는 활엽수 숲에서 검은 호두나무를 베어 껍질을 벗기는 제재소를 시작했다. 아버지는 가구를 만들어 사업을 확장했다. 아버지가 돌아가시면 블레이크가 사업을 이어받는 것이 당연했다. 블레이크는 사업을 다각화했고 금고에는 수익금이 넘쳐났다. 그는 주식공개를 거부했다. 돈을 마음대로 쓰고 싶었고, 사업에 간섭하는 이사회를 원치 않았기 때문이다. 수익금은 오로지 블레이크의 것이었다.

블레이크는 응석받이로 자라 생전 꾸지람을 들은 일이 없다. 그가 잘못한 행동은 항상 다른 사람의 탓으로 돌렸다. 부모님은 블레이크의 행동에 따른 나쁜 결과를 막기 위해 늘 간섭했다. 그가 마리화나를 소지해 체포됐을 때 아버지는 불법 수색과 체포를 이유로 학교 당국을 고소했고, 머리가 좋은 블레이크에게 공립학교는 어울리지 않는다며 남부의 명문 사립 고등학교에 보냈다. 블레이크는 사립학교에서 성적 때문에 퇴학당할 위기에 처했을 때 용돈으로 다른 사람의 과제를 사고, 돈을 주고 시험에서 부정행위를 했다.

시간이 흘러 졸업은 가까워오는데 그가 아이비리그에 입학할 가능성은 희박했다. 블레이크는 SAT(대학 입학 자격시험—옮긴이)와 ACT(대학 입학 학력고사—옮긴이) 점수가 매우 낮았다. 그러자 아버지는 엄청난 기부금을 내고 블레이크를 아이비리그에 보냈다.

대학 생활은 사립 고등학생 시절과 별반 다르지 않았다. 블레이크는 수업에 참석하느니 포르쉐를 몰고 밖으로 나갔다. 공부는 하지 않고 남학생 클럽에서 흥청망청 보냈다. 블레이크는 이전처럼 과제를 사고, 시험에서는 돈을 주고 부정행위를 했다. 부유한 집안 아이들에게는 흔한 행동이었기에 교수들은 블레이크의 잘못을 눈감아줬다. 블레이크는 더 멋대로 행동했다. 그는 자신이 다른 사람들보다 똑똑하고 우월하다고 생각했다. 특정 활동에서 자신이 두각을 나타내지 못하면 함께 한 다른 사람들을 중상모략했다. 어떤 활동에 참여해서 원하는 결과가 나오지 않으면 함께 한 사람들이나 사용한 장비를 탓했다. 블레이크는 자신이 지면 속임수를 썼다며 다른 사람을 비난했고, 지는 것을 이해하지 못했다. 자신이 지는 것은 불가능한 일이었다.

블레이크는 성생활이 매우 왕성했다. 한 여자와 성관계할 때까지 데이트를 했고, 그다음엔 양심의 가책 없이 차버렸다. 잘생긴 얼굴, 포르쉐, 두둑한 주머니로 예쁜 여자들을 유혹했다. 대학교 4학년 때, 블레이크는 축제에서 여왕으로 뽑힌 여학생과 사귀어야겠다고 결심했다. 그 여학생은 블레이크가 바람둥이라는 소문 때문에 주저했지만, 블레이크는 끈질겼다. 블레이크는 그 여학생이 자신에게 어울린다고 생각했다. 여학생은 가난한 노동자 집안 출신 장학생이었다. 여학생 클럽의 학생들은 그녀에게 블레이크와 데이트하라고 성화를 부렸다.

첫 데이트에서는 아무 일도 없었다. 블레이크는 정중하게 행동했고, 키스하려는 시도조차 안 했다. 첫 데이트를 마치고 한 시간 뒤, 여학생에게 장미 48송이가 배달됐다. 블레이크는 한밤중에 플로리스트를 깨워 아름다운 꽃다발을 만들어 보내달라며 돈을 지불했다. 꽃다발에는 자기 삶에서 가장 멋진 데이트였고, 다시 만나고 싶다는 메모가 있었다. 둘은 곧 규칙적으로 만나기 시작했고, 블레이크는 한 여자에게 정착하려는 마음까지 먹었다.

여학생은 의학부의 예과 학생으로, 하버드 의대에 입학한 상태였다. 여학생이 의대에 진학하면 적어도 6년간 결혼할 수 없다. 이 사실은 블레이크를 불쾌하게 만들었고, 그 때문에 자주 싸웠다. 블레이크는 결혼해서 평생 그녀를 돌보고 싶었다. 블레이크는 그녀가 집에 머무르며 자녀를 낳고, 다른 젊고 매력적인 여자들처럼 가정을 돌보기 원했다. 하지만 의사가 되겠다는 그녀의 태도는 강경했다.

졸업이 가까웠을 때 두 사람은 클럽 파티에 참석했다. 멋지고 낭만적인 저녁이었기에 여학생은 샴페인을 조금 과하게 마셨다. 다음 날 아침 여학생은 블레이크의 침대에서 벌거벗은 채로 깨어났다. 여학생은 전날 밤의 일을 기억하지 못했지만 크게 마음 쓰지 않았다. 몇 달 전부터 성관계를 했기 때문이다. 그녀가 모르는 사실은 블레이크가 샴페인에 약을 넣었고, 콘돔을 사용하지 않았다는 것이다. 여학생은 임신했다. 블레이크가 이겼다. 그녀는 의과대학에 진학하지 않고 블레이크와 결혼했다.

아버지가 돌아가시고 블레이크는 최고경영자가 됐다. 그는 20년간 아버지의 비서로 일한 사람을 해고하고 섹시한 20대 여자를 고용했으며, 그녀가 첫 출근한 날 성관계했다. 블레이크는 자신에게 동조하지 않는 모든 사람, 특히 아버지를 충직하게 따르던 사람들을 해고했다. 회사의 주인은 블레이크다. 그는 이유 없이 중견 관리자들을 해고하고 신경 쓰지 않았으며, 비용을 줄이기 위해 장기간 일한 직원들도 가차 없이 해고했다. 그다음 블레이크에게 충성을 맹세하는 신입 직원들을 고용했다. 그는 회사 경영진에게 수익률이 떨어지면 해고하겠다고 으름장을 놨다.

블레이크는 모든 것이 자신에게 유리하도록 만들었다. 최고경영자가 되기 전에 아버지 밑에서 10년을 일했지만, 그에 상응하는 대가를 받지 못했다고 생각했다. 이제는 상황이 달라졌다. 회사는 블레이크의 소유가 됐고, 돈도 마찬가지다. 블레이크는 자기 소유라는 이유로 모든 행동을 합리화했다. 자신이 어려운 상황에서 회사를 끌어내 세계적인 성공에 이르렀고, 시장점유율을 높인 것도 자신의 능력이라고 생각했다. 블레이크의 아버지는 당대 경제와 기업 경영에 어두웠다. 회사의 성장은 블레이크가 이룬 일이다.

　블레이크는 값비싼 차를 몰고, 거의 매일 골프를 치고, 혼자서 호화스런 출장을 갔다. 휴가에 아내와 아이들을 데려간 적은 한 번도 없지만, 자신을 빼고 가족이 자주 여행하도록 했다. 블레이크는 몹시 바빠서 가족과 함께할 수 없었다. 골프를 치거나 호화로운 출장이 아닐 때면 회사 가까이에 있는 주택 지구의 아파트에 머물렀다. 아내는 그 아파트의 위치를 알지 못했다. 아내는 블레이크의 회사 위치와 휴대폰 번호를 알 뿐이었는데, 그나마 블레이크가 아파트에 머무를 때면 휴대폰 전원이 꺼져 있었다.

　블레이크는 아내에게 도심지에서 한 시간 거리의 마을에 아름다운 집을 마련해줬다. 그들 부부는 각자 살았다. 아내는 아이들을 키우고 집에서 일하는 사람들을 관리했다. 블레이크는 도시에서 사업을 하고 손님을 치르고, 주말이면 골프 클럽 행사에 참여하기 위해 집에 들렀다. 그의 비서가 현관문에 나타나기까지 가족은 블레이크의 주중 삶에 대해서 알지 못했다. 비서는 블레이크의 아내에게 자신이 수년 동안 그의 정부였으나, 이혼하고 자신과 결혼하자고 요구했다가 해고당했음을 알렸다.

  금요일 저녁, 블레이크가 집에 도착했을 때 경찰의 호위를 받는 소환 명령 집행인이 있었다. 블레이크는 이혼하겠다는 아내의 의향과 법원의 접근 금지 명령을 통보받았다. 경찰은 블레이크가 옷과 개인 용품을 챙기는 모습을 보며 기다렸다. 블레이크는 경찰의 호송을 받으며 집을 떠났다. 블레이크는 자기애성 성격장애가 있다.

### 시나리오 2

질은 정장 코트 깃을 매만지고, 머리를 빗고, 립스틱을 덧바른 다음 자신을 사무실로 부른 인사부 책임자를 기다렸다. 질이 제기한 고용 기회 평등 소송이 재검토 중이었다. 질은 이번 만남에 변호사를 대동하지 않기로 했다. 다른 때도 질은 변호사를 나중에 데려왔다. 혼자서도 관료를 다룰 수 있다고 확신했기 때문이다. 질은 결국 이런 날이 오리라는 것을 알았다. 승진을 가로막을 '유리 천장'은 없다는 질의 생각은 강경했다.

  질은 대학 시절에 처음으로 '유수한 남학생 클럽'의 차별을 경험했다. 연방정부의 여러 '권리' 법안에도 불구하고 여성에게 지속적인 차별이 있었다. 질은 카운티 보안 관청 소속 형사인 아버지의 이야기에 빠져 살았다. 질은 아버지가 집으로 돌아오기까지 참을성 있게 기다렸다가 하루 동안 아버지에게 일어난 일에 관해 들었다. 질은 늘 법을 집행하는 사람이 되기를 꿈꿨다. 아버지는 외동딸에게 자신이 가장 잘 아는 것을 가르쳤다. 질과 아버지는 함께하는 시간이 많았다. 질은 다양한 권총 다루는 법을 배웠고, 가라테에서 검은 띠를 땄다. 아버지는 남자든 여자든 비교할 것 없이 질이 최고며, 최고가 될 자격이 있다고 늘 말했다.

고등학교 생활은 질에게 모험이었다. 질은 모든 여학생 운동 종목에서 두각을 드러냈고, 발시티 레터(학교가 정한 기준에 따라 대표 팀에서 우수한 성적을 낸 선수들에게 학교 이름의 알파벳 첫 자를 가로세로 각 20센티미터 정도 되는 단단한 헝겊으로 만들어 주는 것. 대표 팀이 입는 점퍼 앞쪽에 본인의 이름과 함께 발시티 레터를 붙인다. —옮긴이)를 열두 번 받았다. 고등학교의 대표 팀이 여자라는 이유로 가입 허가를 거부하자, 질은 학교 당국을 고소하겠다고 으름장을 놨다. 다른 여학생 운동선수들은 거부했지만, 질은 자랑스레 대표 팀 점퍼를 입고 다녔다. 질은 남자보다 뛰어나지는 못할망정 세상을 향해 여자도 동등하다고 말하기조차 두려워한다며 다른 여학생들을 비난했다. 눈에 띄는 태도와 행동 때문에 남녀를 불문하고 모든 학생이 질을 피했다. 여학생들은 질이 나타나면 당황했고, 남학생들은 '걸어 다니는 시한폭탄'이라며 질과 데이트하기를 거부했다. 질이 언제 자신의 권리에 대해 말하며 폭발할지 아무도 예측하지 못했다. 질은 상대 남학생보다 똑똑하고 강하며, 좋은 성과를 거뒀다. 심지어 질은 남학생들이 자신을 치려고 덤벼들게 만들었다. 질은 '거칠게 행동하기'를 원했다.

대학은 질이 축구팀 선발에 나간 것을 제외하면 고등학교 생활의 연속이었다. 이 사건은 대학에 한바탕 소동을 일으켰다. 여자 코치와 여학생 운동선수들은 질이 축구팀에 참여하려는 노력을 계속하도록 격려했다. 반면 남자 코치와 남학생 운동선수들은 질을 단념시키려고 노력했다. 질은 운동선수가 아닌 여학생과 모든 남학생, 심지어 교수들에게도 조롱을 받았다. 1학년 남학생 한 명이 지나치다 싶게 질의 어깨를 밀었다. 질은 이 순간을 기다려왔다. 질은 가라테 기술을 이용해 남학생을 병원에 실려 갈 때까지 때린 다음 성추행 혐의로 고소했다. 이 일로 질은 여학생 운동선수들과 여자 코치들, 여자 교수들 사이에서 스타가 됐지만, 대학의 나머지 사람들에게는 두려움의 대상이 됐다. 질은 필요하다면 어떤 차별에도 기꺼이 강도 높게 대응할 것이다. 아버지의 말처럼 질은 세상에서 가장 똑똑하고 강인하고 독립적인 사람이다. 그 후 대학 생활은 자신이 절대적으로 우월하다는 질의 생각을 강화했다.

졸업 후 질은 주 경찰이 되고자 지원했다. 질의 입장에서는 주 경찰이 가장 존경스럽고 훌륭했다. 질은 여성에 대한

기준을 거부하고 남성과 동일한 기준에 따라 테스트를 받았다. 그런데도 민첩함과 지구력을 보이며 쉽게 합격했다. 연수원에서도 남자 지원자들과 동등하게 경쟁했고, 상위 5퍼센트에 드는 결과를 냈다. 질은 최고 점수를 받은 여경으로서 발령 지역을 선택할 수 있었다. 그녀의 선택에 모든 사람이 놀랐다. 질은 조용한 주 관할 지역 대신 주 경찰이 지역 경찰을 보조해야 하는 대도시 빈민 지역에 지원했다. 주에서 가장 위험한 지역을 선택한 답례로 질은 비밀 마약 단속반이 됐다. 연수원을 막 수료한 신참 경찰, 특히 여경을 남자들만 있는 마약 단속반으로 보내는 것은 전례가 없는 일이었다. 남자 경찰들이 격렬히 저항했지만, 신원 조사를 하는 동안 질이 고용 기회 평등 소송을 제기했다는 사실이 밝혀졌다. 마약반은 소송이 더 진행될까 염려했다.

　남자 경찰들은 냉혹했다. 처음에는 질을 무시했고, 그다음에는 회유하려 들었다. 동료 경찰들의 짓궂은 농담이 시작되자, 질은 유난히 불쾌한 사람의 책상 앞으로 다가갔다. 그가 상황에서 벗어나려 하자 질이 말했다. 그와 마약 단속반 책임자를 상대로 성희롱 소송이 진행 중이라고. 그 후 질의 책상 위에 사용한 콘돔을 던져놓는 일은 일어나지 않았다. 조롱은 끝났지만 사람들과 개인적인 관계나 동료 관계가 성립되지 않았다. 질은 매주 금요일 술을 마시는 관례적인 경찰 모임에도 초대받지 못했다. 심지어 은퇴식에도 초대받지 못했지만 질은 아무렇지 않았다. 질은 파란 제복을 입는 무리에 억지로 끼려 하지 않고 다른 목표를 세웠다. 질은 미국에서 가장 젊은 주 경찰서장이 되고 싶었다. 질은 자신이 국장의 자격을 갖췄다고 생각하면서도 열심히 일했다. 여자이기 때문이 아니라 '최고의 경찰'이기에 승진한 것임을 증명하기 위해서다.

질은 힘든 사건을 담당하고, 특별 사건도 자진해서 맡았다. 1년이 되지 않아 질이 체포한 마약 범죄자 숫자는 두 번째로 많이 체포한 경찰의 두 배에 달했다. 질은 잠복근무를 하며 경사 시험을 준비했다. 근무 햇수가 부족해 시험 칠 자격이 안 되자, 국가를 상대로 차별 소송을 제기했다. 결국 질은 시험을 봤고, 다른 지원자들과 경쟁이 되지 않는 점수를 받았다. 이전과 마찬가지로 선택권이 주어졌고, 질은 강력계를 택했다. 질에 대한 소문이 퍼졌고, 아무도 장난스런 입단식을 생각조차 하지 않았다. 질은 끈질긴 노력으로 첫해에 부(副)서장 시험에 합격했다. 질의 강력 범죄 해결 비율은 관할구역에서 가장 높았다.

질은 자신이 최고임을 알았다. 질은 다른 경찰들의 무관심을 못마땅해하며 그들을 고소했고, 그들이 강등돼도 죄책감에 시달리지 않았다. 질은 비밀리에 내사과의 '스파이'로 활동했고, 부패 경찰이 해고되거나 구금되는 것을 보며 만족했다. 밀고할 사실이 없으면 자신이 보기에 의심스러운 경찰을 내사과에 말했고, 그 결과 그들은 강도 높은 조사와 감시를 받았다. 질이 지적한 경찰은 승진에 걸림돌인 사람들이다. 조사가 진행되고 그들이 중심에서 밀려나면 질은 승진할 수 있었다. 질은 승진할 때마다 다른 경찰관들 앞에서 자신이 '최고의 경찰'임을 뽐냈다.

질은 정치적인 수단도 이용했다. 승진하고 상을 받고 큰 사건을 해결할 때마다 언론에 알렸다. 질은 여기자에게 먼저 특종을 넘겼고, 그들은 답례로 질의 승진 기사를 호의적으로 실었다. 신문과 전자 매체상의 모든 기사는 여성 국회의원들에게 전송됐다. 마지막 분발을 위한 준비였다. 질은 경찰서장에게 재정적인 문제가 있다는 소문을 퍼뜨렸다. 언론에는 호재였다. 언론은 경찰서장이 주의 비행기와 헬리콥터를 이용한 기록을 들이댔다. 임기 중 필요 이상으로 비행기와 헬리콥터를 이용한 경찰서장은 언론에 맞서기보다 비리가 있었음을 인정하고 사임했다.

정부에서 후임자를 지목하기 전에 모든 여성 의원의 추천서가 첨부된 질의 지원서가 주 경찰서장에게 도착했다. 질은 경찰서장 자리에 필요한 복무 기간과 관료 경험이 부족했다. 그는 선임인 남자 경찰을 주 경찰서장으로 지목하면서 정치적 파장을 피하기 위해 질에게 주 경찰의 부서장 자리를 제안했다. 유감스럽게도 그는 경찰서장 자리를 위한 면접을 하지 않았고, 지명된 후임자와도 면접하지 않았다.

질은 고용 기회 평등 소송을 제기했고, 여성 의원들은 이 문제를 각각 그들이 속한 의회로 가져갔다. 주 경찰서장은 선임인 남자 경찰을 지목한 것을 철회하고 질을 주 경찰서장으로 지명했다. 질은 통상적으로 남자에게 지배적인 장애라 여겨지는 자기애성 성격장애가 있다.

### 특징과 진단 기준

미국정신의학협회는 '자기애성 성격장애의 주요한 특징은 잘난 체하고 칭찬받기를 원하며, 공감 능력이 부족하다는 것이다. 이런 행동은 성인기 초반에 시작되고, 상황에 따라 다양하게 드러난다'고 규정한다. 웹스터 사전에 따르면 젠체하는 것은 '대단함 혹은 화려함을 뽐내는 것 혹은 터무니없는 과장'이 특징이다.

자동차광들이 장거리 고속 주행용 고성능 자동차를 '그란 투리스모'라 부르는 것은 자기애성 성격장애가 있는 사람의 특징을 정확히 반영한다. 자기애성 성격장애가 있는 사람은 실제로 자신이 대단하다고 믿는다. 그는 자신이 특별하며, 다른 사람들에게서 찾을 수 없는 특성이 있다고 여긴다. 그는 자신에게 뛰어난 지능, 외모, 창의성, 문제 해결 능력이 있다고 믿으며, 다른 사람들이 자신을 존중해야 한다고 생각한다.

이런 특징은 그의 모든 됨됨이에 영향을 준다. 자기애성 성격장애가 있고 외모가 준수한 사람은 이 사실을 자신의 전 존재에 적용한다. 그래서 자신이 매우 똑똑하고 창의적이며, 고도의 문제 해결 능력을 갖췄다고 믿는다. 아름다운 외모로 칭송받는 할리우드의 스타들은 국내와 국제정치에서 자기 의견이 다른 사람들보다 우월하다고 결론 내린다. 태생적으로 현명한 자기 의견이 사회문제를 해결하는 데 큰 비중을 차지해야 한다는 것이다. 국가의 공식적 입장에 반대되는 정치적 의견을 관철하고자 외국으로 여행하는 할리우드 스타를 젠체하는 예로 들 수 있다. 미국정신의학협회가 상술하는 자기애성 성격장애의 구체적인 진단 기준은 다음과 같다.

생각이나 행동으로 잘난 체하고 칭찬받기를 원하며, 공감 능력이 부족하다는 특징은 성인기 초반에 시작되고, 상황에 따라 다양하게 드러난다. 다음 중 5가지 이상 해당하면 자기애성 성격장애의 징조다.

1. 성취와 재능을 과장하고, 이룬 것보다 뛰어나게 여겨지기를 기대한다.
2. 성공, 능력, 탁월함, 아름다움, 이상적인 사랑에 대한 끝없는 환상에 사로잡혀 있다.

3. 자신이 '특별'하고 독특하다고 믿으며, 특별하거나 지위가 높은 사람들만이 자신을 이해할 수 있다거나 그들과 교제해야 한다고 생각한다.
4. 과도한 칭찬을 바란다.
5. 자신은 이유 없이 특별 대우 받을 자격이 있다거나, 그런 기대가 반드시 충족돼야 한다고 생각한다.
6. 목적을 이루기 위해 다른 사람을 이용한다.
7. 공감하는 능력이 부족해서 다른 사람의 감정이나 필요를 알려고 하지 않는다.
8. 때로 다른 사람을 질투하거나, 다른 사람이 자신을 질투한다고 생각한다.
9. 오만불손한 행동과 태도를 보인다.

미국정신의학협회는 자기애성 성격장애가 있는 사람은 전체 인구의 1퍼센트가 되지 않으며, 그 가운데 50~75퍼센트가 남자라고 추정한다. 이는 치료를 받거나 법원의 명령으로 의학적 평가를 받은 사람을 토대로 한다. 사법 담당관들은 전체 인구 중에 자기애성 성격장애가 있는 사람이 훨씬 많을 것이라고 생각한다. 반사회성 성격장애가 있는 사람에게서 자기애성 성격장애의 특징을 찾기 쉽다. 법정 관련 의사들은 흔히 반사회성 성격장애 진단을 내리며 자기애성 성격장애가 동시에 있다는 사실을 포함하지 않는다.

반사회성 성격장애의 주요 진단 기준은 '사회규범을 수용해 적법한 행위를 하지 못하며, 체포당할 행동을 반복한다'는 것이다. 범죄자 가운데 반사회성 성격장애가 있는 사람이 월등히 많다. 반사회성 성격장애 진단이 동시에 존재하는 자기애성 성격장애를 가려, 자기애성 성격장애는 보고되지 않는다.

미국정신의학협회가 자기애성 성격장애 진단을 받은 사람 가운데 50~75퍼센트가 남자라고 추정한 사실은 의미가 있다. 범죄자를 살펴봐도 남자에게 자기애성 성격장애가 훨씬 많음을 알 수 있다. 임상의학자들은 흔히 자기애성 성격장애를 '남자의 자존심 장애'라 부른다. 여자가 자기애성 성격장애 진단을 받는 경우는 드물다.

### 진단 기준 해설

**1.** 성취와 재능을 과장하고, 이룬 것보다 뛰어나게 여겨지기를 기대한다.

성취에 대한 허세와 자랑을 흔히 볼 수 있다. 자기애성 성격장애가 있는 사람은 성취나 성취를 위해 필요한 재능과 기술을 과장한다. 그는 자신이 더 똑똑하지만 골프 성적으로 '그 사실'을 증명할 필요가 없다고 생각한다. 그가 하는 데이트 역시 그의 말처럼 멋지지 않다. 그는 공동 작업으로 얻은 성과도 개인적인 성취라 생각하고 동료들의 역할을 인정하지 않는다. 그래서 문서화된 작업의 지식재산권을 자기 것이라 생각한다. 모든 아이디어는 그의 '독창적인 생각'이고, 모든 문제가 해결된 것은 그가 앞장섰기 때문이다. 그는 직원들의 자발성으로 생산성이 증가했을 때도 자신의 감독 능력이 좋은 결과를 가져왔다고 주장하는 상사다. 그는 대학원생에게 연구 과제를 나눠주고, 결과로 나온 지식재산권은 자기 소유로 '독점'하는 대학교수다.

**2.** 성공, 능력, 탁월함, 아름다움, 이상적인 사랑에 대한 끝없는 환상에 사로잡혀 있다.

자기애성 성격장애가 있는 사람은 명성과 부가 갑자기 생기리라 생각한다. 성공에 대한 뜬금없는 믿음은 생각에 머무르지 않는다. 오랫동안 생각하던 바는 말로 표현된다. 자신이 자격을 갖췄다는 믿음은 때로 착각일 뿐이지만, 그는 그렇게 생각하지 않는다. 통계자료에 따르면 성공이 불가능해도 그의 확신에는 변함이 없다. 예컨대 그는 득점력이 형편없이 낮으면서 NBA에 선발되고 성공할 것이라 믿는 농구 선수다. 대법원의 판사가 되는 것이 목표라고 심각하게 말하는 대학생이다.

   청소년과 청년은 종종 '억만장자'를 꿈꾸지만, 어른이 되면 대부분 현실을 직시한다. 자기애성 성격장애가 있는 사람은 그렇지 않다. 주말에 모델로 일하며 곧 슈퍼모델이 되리라 믿는 여대생은 어른이 되고 그것이 이룰 수 없는 목표임을 깨닫는다. 서른다섯 살인 여자가 곧 슈퍼모델이 되리라 믿는다면 착각이다. 자존심이 실패를 허락지 않기에 현실을 직시하지 못하고 이런 믿음을 붙들고 있다.

**3.    자신이 '특별'하고 독특하다고 믿으며, 특별하거나 지위가 높은 사람들만이 자신을 이해할 수 있다거나 그들과 교제해야 한다고 생각한다.**

자신이 특별한 자격을 갖췄다는 착각은 자기애성 성격장애가 있는 사람에게 2가지 영향을 미친다. 이들은 자신이 '특별'하거나 '독특'하다고 생각하기 때문에 다른 사람에게 특별한 인정을 받고자 한다. 이들은 다른 사람에게 존중받고 특별 대우 받기를 바란다. 이들은 음식점에서 자신이 다른 사람 뒤에 서는 상황을 용납하지 못하고, 직원의 특별한 대접을 기대한다. 이들은 다른 사람에게 공격적이지만 대립을 피하고자 공격성을 드러내지 않는다. 자기애성 성격장애가 있는 사람에게 차례를 기다리지 않도록 허용하면 자신이 특별하고 특별 대접을 받아 마땅하다는 생각이 강화된다.

　자기애성 성격장애가 있는 사람은 자신이 특별하다는 인

식 때문에 유명한 사람과 어울려야 한다고 생각한다. 이들의 주치의는 전공 분야에서 인정받는 사람이어야 하며, 이들의 골프 코치는 국제 골프 대회 출전 경험이 있는 은퇴한 프로 선수여야 한다. 이들은 경제 사정이 허락하는 가장 유명한 컨트리클럽에 가입하고, 가장 부유한 이웃이 있는 마을에 거주하기를 바란다. 경제 사정이 허락지 않아 부유한 마을에 살지 못하거나 유명한 컨트리클럽 회원권을 소유하지 못하면 이들은 차별적이고 배타적이라며 그 마을이나 컨트리클럽을 탓한다. 경제력은 되지만 사람들의 속물적인 행동 때문에 그들과 어울리지 않는다며 자신을 부자 마을이나 유명 컨트리클럽에 속한 사람들과 동등한 지위로 끌어올린다.

자기애성 성격장애가 있는 사람의 자녀는 경제력이 허락하는 최고의 사립학교에 다닌다. 사립학교에 보낼 능력이 되지 않으면 사립학교를 비방하고, 자신이 거주하는 지역의 공립학교를 칭찬한다. 자녀의 치아를 교정해주고 화려하고 눈에 띄는 옷을 입히며, 재능을 보이는 운동경기에 참여시킨다. 자기애성 성격장애가 있는 부모는 자녀에게 억지로 운동을 시키고, 코치에게 특별한 관심을 요구하며, 자녀의 실력을 과장해서 뽐낸다. 자녀가 '정선수'가 되지 못하면 코치가 아이의 특별한 능력을 알아보지 못한다거나 능력이 부족하다며 탓한다.

자기애성 성격장애가 있는 사람은 사회적으로 유명한 사람과 어울리고 싶어 한다. 평범한 사람은 자신의 특별한 자질을 제대로 알아볼 능력이 없기 때문이다. 누구나 유명한 사람과 어울리고 싶어 하지만 이들만큼은 아니다. 강연회나 콘서트, 정치 집회에 참석하는 것은 유명 인사와 자신의 관계를 과장할 기회다. 자기애성 성격장애가 있는 사람은 사진 찍을 기회를 이용해 상황을 꾸미고, 집이나 사무실의 눈에 띄는 장소에 사진을 건다. 그러면 사람들의 시선이 그곳으로 향한다. 그 사진 한 장이 유명 인사와 자신의 관계를 보여주고, 관계를 과장할 기회를 준다. 그 사진은 자신이 특별하다는 착각도 더하게 만든다.

**4.  과도한 칭찬을 바란다.**

자기애성 성격장애가 있는 사람은 과도한 칭찬을 바란다. 칭찬은 자신이 특별하다는 인식을 반영하는 거울이다. 이들의 자기 인식은 외부의 인정 없이도 유지되지만, 다른 사람에게 칭찬받음으로써 자신이 특별하다는 인식이 더 강해진다. 이들은 다른 사람에게 칭찬받지 못하면 관심을 끌 만한 일을 한다.

  자기애성 성격장애가 있는 사람은 다른 사람들이 자신의 중요성과 자신이 한 일의 우수성을 인정해주기 원하고, 개인적으로 칭찬해주기 바란다. 원하는 칭찬을 받지 못하면 자신의 우월함을 부각하기 위해 사람들을 깎아내리거나 어울리는 무리를 바꾼다. 남들에게 칭찬받고자 하는 욕구 때문에 자기애성 성격장애가 있는 사람들끼리는 어울리기 어렵다. 자기애성 성격장애가 있는 두 사람은 절대 한 공간에 머무를 수 없다. 어떤 환경에서도 갈등이 생길 것은 불 보듯 뻔하다.

자기애성 성격장애가 있는 남자들이 같은 컨트리클럽에 속해 골프를 친다면 갈등이 일어날 수밖에 없다. 양측이 과도한 칭찬을 기대하다 보니 개인으로든, 팀으로든 경기를 즐길 수 없다. 최고의 어프로치샷(가까운 거리에서 핀을 명중시켜 그린에 넣기 위한 타―옮긴이)도, 가장 긴 퍼트(그린 위에서 홀을 향해 치는 타―옮긴이)도, 매 홀 최고의 티샷(티그라운드에서 처음 치는 타―옮긴이)도 하나뿐이다. 그러므로 최고의 샷을 친 사람만 최고라고 칭찬받을 수 있다. 자기애성 성격장애가 있는 사람은 항상 최고여야 한다.

자신의 샷이 '최고'가 아니라는 사실이 분명할 때 그는 끝없이 변명한다. 그린까지 거리를 정확히 알려주지 않았다며 큰 소리로 캐디를 비난하고, 그린 상태가 고르지 않다며 관리인에게 불평하고, 자신이 공을 치는 동안 떠들었다며 함께 경기한 사람들과 말싸움을 한다. 심지어 멀리건(이미 친 샷이 좋지 않을 경우 이를 없던 일로 하고 다시 치는 것―옮긴이)을 요구하기도 한다. 내기 골프라면 상황은 심각해진다.

자기애성 성격장애가 있는 사람이 경기에서 지면 이긴 상대방을 비난하거나 속임수를 썼다고 확신하기 일쑤다. 결국 '체면'을 유지하는 가장 확실한 방법은 경기에 참여하지 않는 것이다. 그는 자선사업이나 저명인사와 점심 약속 같은 선약 때문에 경기에 참여하지 못한다고 자랑스레 말한다. 그러면서 자신이 더 의미 있는 일 때문에 골프의 즐거움을 포기하는 것에 대해 칭송받기를 바란다.

**5.** 자신은 이유 없이 특별 대우 받을 자격이 있다거나, 그런 기대가 반드시 충족돼야 한다고 생각한다.

자기애성 성격장애가 있는 사람은 이유가 없는데도 자신이 다른 사람들보다 특별한 대우를 받을 자격이 있다고 생각한다. 그는 예약하지 않고도 레스토랑에서 좌석을 안내받거나 좋은 자리에 앉기를 바란다. 그는 다른 손님들처럼 종업원에게 안내받기보다 지배인에게 안내받고 싶어 한다. 그는 바텐더가 자신이 '늘' 주문하는 칵테일을 기억해 자신을 돋보이게 해주기 바란다. 그는 모든 것이 완벽한 상황에도 트집을 잡으며 다른 것을 요구한다.

그는 종업원을 하위 계급으로 생각한다. 원하는 시간에 음식이 나오지 않거나 음식이 마음에 들지 않으면 절반쯤 먹은 음식을 가져가라고 하거나, 매니저에게 음식을 먹어보라고 종용한다. 팁도 없이 자리를 떠나고 발레파킹 직원에게 꾸물거린다며 화를 낸다.

   자기애성 성격장애가 있는 남자는 저녁 식사를 함께 하는 여자에게 기대를 품는다. 그는 자신이 식사를 대접하고 영화 티켓을 샀기 때문에 성적으로 매력적인 여자를 만나고 함께 밤을 보낼 자격이 있다고 생각한다. 자신과 함께 밤을 보내는 것이 그 여자가 누릴 특권이라고 여긴다.

**6.** **목적을 이루기 위해 다른 사람을 이용한다.**

자기애성 성격장애의 특징은 다른 사람을 이용하는 것이다. 반사회성 성격장애가 있는 사람은 범죄행위에 다른 사람을 이용하지만, 자기애성 성격장애가 있는 사람은 자기 목적과 필요를 위해 아는 사람을 이용한다.

   자기애성 성격장애가 있는 사람의 이런 행동을 회사에서 보기 쉽다. 자기애성 성격장애가 있는 상사는 부하에게 작업 성과를 내도록 요구하고, 결과를 자기 공로로 취한다. 자신이 시기적절하게 그런 일을 요구했고, 자신의 지도가 없었으면 그런 결과가 나오지 않았으리라는 것이다. 공동작업의 결과를 자기 공으로 돌릴 뿐만 아니라, 기회가 되면 다른 사람을 욕하고 그들의 역할을 축소해서 말한다.

   자기애성 성격장애가 있는 사람은 승진하기 위해 다른 사람을 이용한다. 남들은 그가 밟고 올라갈 사다리일 뿐이다. 자신이 원하는 목표가 다른 사람을 '밟아야' 하는 것인지 아닌지는 상관없다. 성공의 사다리에서 다른 사람을 '밟는' 데는 다른 사람의 공적을 취하는 것을 넘어 속임수도 포함된다. 승진을 두고 경쟁할 때 자기애성 성격장애가 있는 사람은 경쟁자에 대한 부정적인 소문을 낸다. 그는 사람들이 경쟁자를 불성실하고 부정직하며, 성적으로 문제가 있다고 생각하게 만든다. 그는 자신이 그랬다는 사실을 숨길 수 있는 데서 소문을 내기 시작하고, 자신은 그럴 자격이 있다며 자기 행동을 변명한다. 승진하면 사람들의 칭찬과 축하를 '겸손히' 받아들인다. 그는 경쟁자에게 둘 다 자격을 갖췄기에 선택이 쉽지 않았을 것이라며 다음에는 꼭 승진하기 바란다고 말한다.

회사는 사람을 성적으로 이용하기 좋은 장소다. 사무실의 긴 의자와 늦은 근무시간은 자기애성 성격장애가 있는 사람이 물질 혹은 승진을 제안하며 성적인 요구를 할 좋은 기회다. 젊고 보수가 적고 순진한 직원은 자기애성 성격장애가 있는 권위적인 상사의 먹잇감이다. 인사부는 성희롱이라는 그녀의 주장을 무시한다. 인사부가 성격장애가 있는 사람의 수하에 놓인 경우에는 더하다. 자기애성 성격장애가 있는 사람은 직장을 잃을지 모른다는 두려움을 이용해 사람을 성적으로 착취한다. 성적 착취에 성공하면 자신이 우월하다는 인식이 더 강해지고, 같은 일이 반복된다.

**7.** 공감하는 능력이 부족해서 다른 사람의 감정이나 필요를 알려고 하지 않는다.

자기애성 성격장애의 또 다른 특징은 다른 사람에게 공감하는 능력이 부족하다는 것이다. 이 특징은 자기애성 성격장애가 있는 사람의 자기중심성을 분명히 보여준다. 그는 다른 사람의 필요와 느낌에 무관심하다. 다른 사람에게 무관심하기에 상당히 자기중심적이다. 그에게는 자신의 필요만 중요하고 다른 사람의 필요는 무의미하다. 아무도 자신처럼 영리하고 매력적이고 능력 있지 않다는 생각은 자기애성 성격장애가 있는 사람에게 남들의 필요와 생각은 자신의 그것만큼 중요하지 않다는 확신을 준다.

성적 부도덕함에 따른 피해자인 아내의 감정은 상관없다. 자신의 욕구가 중요하기 때문이다. 그는 아내의 감정을 알지 못한다. 다른 여자들의 감정도 자신의 감정과 필요에 비하면 하찮다.

아이들은 '싸구려' 옷을 입고 다녀도 그는 고급 승용차를 몬다. 그는 사업에 필요하고 성공했다는 이미지를 주기 위해 그 차를 몰아야 한다며 자신의 행동을 합리화한다. 가족과 함께 시간을 보내기는 꺼리지만, 한 주에도 몇 번씩 컨트리클럽에 가서 골프를 친다. 컨트리클럽에서 돈을 사용했기에 가족 휴가를 못 가도 상관하지 않는다.

직장에서 승진하기 위해 경쟁자에 대해 거짓 소문을 퍼뜨린다. 자신은 원하는 목적을 이뤘으니 '패자'야 어떻든 상관없다. 자기의 필요가 중요할 뿐이다.

**8.  때로 다른 사람을 질투하거나, 다른 사람이 자신을 질투한다고 생각한다.**

자기애성 성격장애가 있는 사람은 다른 사람의 능력이나 성취, 아름다움, 재산을 부러워한다. 그는 다른 사람의 능력이나 성취, 아름다움, 재산이 자신을 능가한다는 사실을 견딜 수 없다. 다른 사람은 소유했지만 자신은 가지지 못한 것을 탐낸다. '최고'가 돼야 한다거나 '최고의 것'을 가져야 한다는 그의 인식이 어긋나고 자존심은 상처를 받는다.

이때 자기애성 성격장애가 있는 사람의 해결법은 간단하다. 더 성공하고 능력 있고 아름답고 부유한 사람을 헐뜯는 것이다. 상속받은 것이라거나 의문의 여지가 있는 활동을 통해 재물과 권세, 성공을 얻었다며 그들을 헐뜯는다. 그는 '보수적인 방법으로 돈을 벌고 일하는' 사람으로서 당당하다. 그의 소득은 깨끗하고 합법적이다. 사람들에게 칭찬을 받으면 체면이 유지돼서 더욱 당당하고, 자신이 우월하다는 생각은 강해진다.

**9.  오만불손한 행동과 태도를 보인다.**

자기애성 성격장애가 있는 사람이 자신을 대단하게 생각하는 것은 행동 방식에서 쉽게 알 수 있다. 그는 자신이 우월하다며 거들먹거리고, 자신이 도착했음을 큰 소리로 알린다. 그는 자신의 가치를 모르는 종업원을 윽박지르고, 우월한 능력과 외모, 성공을 뽐내며 다른 사람을 깔본다.

**원인**

다른 성격장애와 마찬가지로 자기애성 성격장애의 특별한 원인은 알려지지 않았다. 유전적 기질, 행동 모델, 양육 방식의 조합을 원인으로 보는 것이 일반적이다. 자기애성 성격장애를 유발하는 특별한 원인을 규정하기는 어렵지만 전혀 불가능하지는 않다.

 이론적인 연구에 따르면 친부모가 자기애성 성격장애 진단을 받은 사람에게 동일한 성격장애가 나타날 가능성이 더 높다. 미국정신의학협회는 '자기애성 성격장애 진단을 받은 50~75퍼센트가 남자'라고 추정한다.

 결론적으로 유전적 기질과 성별에 관한 연구를 종합하면 친아버지에게 자기애성 성격장애가 있는 경우 동일한 성격장애가 나타날 가능성이 더 높다. 앨버트 반두라는 행동과 관련된 결과 혹은 대가를 알기 위해 개인이 직접 행동을 경험할 필요가 없다고 했다. 개인은 다른 사람의 행동을 관찰하는 것으로 그 행동을 학습한다. 이들은 그런 행동을 하는 사람을 보고 배우며 행동의 결과 혹은 대가를 본다. 특정 행동이 행위자 개인의 필요를 충족하는 결과를 가져오면 관찰자도 그런 행동을 하려는 경향이 강해진다. 특정 행동이 행위자에게 부정적인 결과를 가져오는 듯 보이면 관찰자는 그런 행동을 삼간다.

덧붙여 행동에 대한 어설픈 변명으로 부정적인 결과가 나오는 것을 보면 그는 원하는 결과를 얻기 위해 변명을 덜한다. 합리적인 사람이라면 내적인 필요를 채우려는 의도로 특정한 행동을 한다. 즉 그에 따른 결과가 만족스러울 것이라 생각하고 어떤 행동을 하는 것이다. 다시 말해서 합리적인 사람은 내면의 욕구를 좌절시키거나 불쾌함을 얻고자 어떤 행동을 하지 않는다.

아이와 청소년은 손위 형제나 아버지가 어떤 행동을 하고 그에 따른 결과 혹은 대가를 받는 것을 지켜본다. 아이들은 상황을 평가해 경험 자료에 축적하기 때문에 언젠가 동일한 행동을 할 수 있다. 손위 형제나 아버지가 자기애성 성격장애 진단을 받았다면 그들도 자기애성 성격장애의 특징을 보이는 행동을 할 것이다. 문제적 행동으로 보상을 얻으면 이를 지켜보던 아이들은 그 행동으로 나쁜 결과 없이 원하는 바를 얻는다고 인식한다. 그리고 아이도 그런 행동을 하기 시작한다.

여기서 흥미로운 질문이 생긴다. 자기애성 성격장애의 특징을 보이는 행동을 표본 행동으로 삼았으니 그런 행동을 받아들인 사람도 자기애성 성격장애가 있을까? 미국정신의학협회는 이런 가능성을 인식하고 이에 관해 다뤘다. '특정 행동이 경직적·지속적·비순응적이며 심각한 기능 손상 혹은 사고(思考) 곤란을 야기할 때만 자기애성 성격장애라 본다.'

미국정신의학협회의 진술은 자기애성 성격장애의 특징을 보이는 행동을 하는 사람에 대한 치료가 가능하다는 통찰력을 준다. 다른 성격장애와 마찬가지로 자기애성 성격장애도 만성적이고 평생 지속된다. 자기애성 성격장애가 있는 사람은 직업적으로 크게 성공하고 곤란을 경험하지 않는 경우가 많다. 자기애성 성격장애 때문에 직업이나 인간관계에서 곤란을 경험한 사람은 스스로 치료를 받으려 하거나 중요한 사람에게 조언을 구하려 할 것이다. 자기애성 성격장애가 있고 부정으로 이혼소송을 당한 남자는 행동의 결과가 개인적으로 매우 괴로워 고통 받으니 행동을 바꾸기로 선택할 것이다.

여기서 주목해야 할 사항이 하나 더 있다. 자기애성 성격장애가 있는 사람은 다른 사람을 조종하는 능력이 탁월하다는 점이다. 그가 자발적으로 치료를 받는 것은 괴로운 상황에서 벗어나고자 잔꾀를 부리는 것일 수도 있다.

행동 표준이 되는 사람에게 자기애성 성격장애가 있었거

나, 때로 환경을 통제하고자 그런 행동을 수용한 사람은 변화에 더 유연하고 변화를 잘 받아들인다. 다른 사람이 특정 행동으로 부정적인 결과를 얻는 것을 보면 그의 행동 목록에서 그 행동은 제외된다. 행동 표준이 되는 사람을 통해 행동을 습득하기도 하지만, 그 반대가 될 수도 있다. 이제 내적인 필요를 충족할 필요가 없으면 개인은 보통 특정 행동을 그만둔다. 자기애성 성격장애의 행동 특징으로 성공적인 대학 생활을 한 젊은이는 직장에서 그런 행동이 불필요하고 심지어 부정적일 수도 있음을 깨닫는다.

 진심으로 자신의 행동을 바꾸기 원하는 사람은 대부분 치료에 성공한다. 행동을 바꾸기 주저하는 경우라면 지속적으로 당근과 채찍을 제공하는 것이 효과적이다. 부적절한 행동에 따른 결과를 지속적으로 견뎌야 하는 젊은이는 처벌 대상이 되는 행동을 하고, 그 결과에 직면하느니 행동을 수정하려 할 것이다. 즉 행동에 따른 결과가 그 결과를 감내해야 하는 개인에게 의미 있어야 한다. 일반적으로 청소년은 전화와 이메일 사용을 금지하거나 운전을 금지 혹은 제한하면 괴로워한다. 잔꾀를 부리는 어른처럼 선을 넘으려는 청소년에게도 당근과 채찍으로 행동 변화를 유도해야 한다.

### 대하는 법

자기애성 성격장애가 있는 사람은 자기중심적이며, 다른 사람에게 공감하는 능력이 현저히 떨어진다. 다른 성격장애도 마찬가지지만 자기애성 성격장애가 있는 사람과 지내기는 대단히 어렵다. 그들은 자신이 능력 있고 정당하다고 생각한다. 생색나는 일은 하고 궂은일은 절대 하지 않으며, 다른 사람이 자기 때문에 피해를 당하든 말든 상관없다.

따라서 자기애성 성격장애가 있는 사람과 지내려면 자신을 지키기 위한 노력이 필요하다. 그들을 대할 때는 존중하는 태도를 보이고 빌미를 제공하지 말아야 하며, 분명히 선을 긋고 일방적인 관계가 되지 않도록 해야 한다. 그들을 비판하거나 충고해서도 안 된다. 그들은 비판이나 충고를 수용하지 못할뿐더러, 다른 사람에게 배우거나 가르침을 받지 못한다.

자기애성 성격장애가 있는 사람은 겉으로 매우 자신만만하지만, 실제로는 불안하고 나약하며 질투심이 많다. 그들의 질투를 유발하거나 칭찬해서 공명심을 자극하면 그들을 잘 다룰 수도 있다.

T
Y
P
E

격정하거나 두려워하는 성격

C

C

T Y P E

# 09 회피성 성격장애
## Avoidant Personality Disorder

억눌려 있고
자신이 부족하다고 느끼며,
부정적 평가에 민감하다

### 시나리오

아버지는 항상 마이크를 바보 멍청이라고 불렀다. 아버지는 기능장이지만 마이크는 스패너와 소켓도 구분하지 못했다. 마이크는 지능지수가 140이고 수학과 과학에 탁월하며, 대학에 진학해 물리학을 공부하는 것이 꿈이었다.

  마이크의 아버지는 해병대에 지원하고, 고등학교 검정고시를 통과해 기계공이 되고자 공부했다. 아버지는 군 복무 후 고향으로 돌아왔고, 미 해병대 문신을 과시했다. 마을의 아가씨들 모두 건강하고 잘생긴 그에게 관심을 받기 원했다. 아버지는 은행에서 대출을 받아 카센터를 차렸다. 그는 모든 엔진을 수리했고 사업은 번창했다. 여가에는 스포츠카를 조립하고, 친구들과 맥주를 마시며 눈에 띄는 여자와 데이트했다. 앤지라는 아가씨가 임신을 했고, 그 고장의 문화와 아가씨 아버지의 강요에 따라 마이크의 아버지는 앤지와 결혼했다. 석 달 뒤 마이크가 태어났다.

  마이크의 아버지는 이 모든 상황이 전혀 행복하지 않았지만, 가게를 옮기거나 앤지와 이혼하면 경제적으로 어려워질 게 뻔했기 때문에 그냥 살았다. 마이크의 아버지는 현재의 삶을 유지하기 위해 애쓰는 동시에 밤이나 주말이면 비밀리에 미혼의 삶으로 돌아갔다. 그는 스포츠카를 조립하고 술을 마시고 여자들과 잠시 즐기기 위해 마을을 빠져나갔다. 집에 머무를 때면 불행해했고, 앤지와 마이크는 그에게 짐을 지운 대가를 치러야 했다. 마이크의 아버지는 매일 저녁 술을 마셨고, 아내가 투덜거리면 폭력을 행사했다. 앤지는 마이크를 두고 떠나지 못했다. 남편이 아이에게 해를 끼칠까 두려웠기 때문이다. 남편은 항상 마이크가 운다고 불만이었다. 아이를 조용히 시키지 않으면 아이가 울 일을 만들어주겠다고 소리쳤다.

  마이크는 아버지의 분노를 두려워하며 자랐다. 아버지는 아내보다 아이를 때리는 편이 낫다는 것을 알았다. 아내가 넌더리를 내고 떠나면 마을 사람들은 그와 거래하지 않을 것이다. 아버지는 마이크가 마을에서 가장 어리석고 멍청하고 쓸모없는 아이라는 말을 반복했다. 마이크에 대한 앤지의 지지와 격려는 아버지의 잔인한 말과 행동에 비할 바가 아니었다. 마이크는 폭력 앞에 위축됐고, 일진 고등학생들의 괴롭힘 상대가 됐다.

마이크는 운동선수도 아니고 살이 찌는 체질이다. 앤지는 남편의 잔인한 언행을 상쇄하는 노력으로 마이크에게 아이스크림, 케이크, 탄산음료 같은 군것질거리를 줬다. 운동하려는 노력을 안 하고 원하는 것을 뭐든 먹게 하자, 마이크는 특히 불안해할 때 비만이 됐다. 뚱뚱한 마이크는 아버지의 분노를 더하고, 친구들에게 놀림감이 됐다. 그러면 마이크는 엄마의 허락 아래 더 많은 군것질을 했다.

마이크는 수학반과 과학반에서 좋은 결과를 얻었지만, 온종일 두 교실에만 머무를 순 없었다. 마이크는 학교가 끝나면 급히 집으로 돌아와 자기 방에 숨어 책을 읽고 수학 문제를 풀었으며, 《던전스 앤드 드래곤즈》류의 판타지 소설을 썼다. 마이크는 마침내 고등학교를 졸업했고, 수학 선생님과 과학 선생님의 노력으로 규모는 작지만 명문 대학에서 수업료와 책값, 기숙사비와 식비까지 전액 장학금을 받게 됐다. 마이크는 불안해하며 대학으로 떠날 날을 기다렸다. 마이크가 떠날 날이 가까워오자 아내와 아들을 향한 아버지의 분노는 한층 심해졌다.

마이크는 신입생 등록을 하고 기숙사로 들어갔다. 기숙사 한쪽에는 여학생이, 반대편에는 남학생이 지냈고 식당과 휴게실은 공동으로 이용했다. 아버지와 고향의 불량배에게서 벗어나게 해달라는 기도는 이뤄졌지만, 마이크의 문제는 줄지 않았다. 룸메이트는 축구 연습 때문에 2주 먼저 도착해 있었다. 공격하는 무리가 바뀌었을 뿐이고 마이크를 보호해줄 엄마도, 조롱을 피해 숨을 곳도 없었다. 놀림은 일상이 됐다. 학생들의 농담은 주로 마이크에 대한 모욕이었다. 남학생도, 여학생도 마이크를 비웃었다. 첫 학기가 끝나고 대학을 그만둔 마이크는 집으로 돌아왔다.

이 상황은 아버지가 마이크에 대해 실패 덩어리라고 예견한 그대로다. 조롱은 가차 없지만 잠시뿐이었다. 고등학교 선생님의 도움으로 마이크는 다시 2년제 전문대학에서 전액 장학금을 받게 됐다. 마이크는 원룸아파트로 이사했고, 학교에 등록했으며, 쇼핑센터에 일자리를 구했다. 마이크에게는 모든 것이 힘들어 보였다. 그곳에서도 놀림은 계속됐지만, 최소한 자신의 원룸아파트로 피할 수 있었다. 마이크는 고용주에게 창고에서 재고품 조사하는 일을 맡겨달라고 부탁했다. 마이크는 손님을 대하는 일은 잘 못했고, 슈퍼바이저에게 끊임없이 지적당했다. 하지만 사람들과 마주치는 일에서 벗어나자, 일을 잘하는 직원이 됐다.

마이크는 클럽이나 다른 학생 활동에 참여하지 않으면 자기 외모에 대한 남들의 부정적 판단을 쉽게 피할 수 있다는 것을 알았다. 마이크는 자신이 사회적으로 적합하지 않은 인간이고, 모든 사람이 자신을 싫어한다고 생각했다. 마이크는 사교적인 접촉을 피하고, 가능한 한 원룸아파트에 머물다가 쇼핑센터에 일하러 가서는 직원용 출입구를 통해 창고로 들어갔다. 식료품점에는 늦은 시간에 가서 사람들의 시선을 피했다.

완전히 혼자 있기 원하는 마이크의 소원이 이뤄졌다. 대학이 전 과목 온라인 교과과정을 개설했기 때문이다. 컴퓨터를 사고 인터넷을 연결하도록 장학금이 지급됐다. 마이크는 이제 학교에 가서 곤란을 당하는 상황에서 벗어났다. 마이크는 인터넷 덕분에 채팅방에 들어가 사람들을 직접 만나는 일 없이 이야기를 나눌 수 있었다. 철자와 문법을 두 번씩 확인했고, 댓글을 달기 전에 곰곰이 생각했다. 마이크는 인터넷에서 자신의 새로운 이미지를 만들었다. 인터넷상에서 마이크는 모든 주제를 조사하고, 모든 주제에 비판적인 사고를 하는 학자다. 그는 비판적인 사고를 하는 천부적인 능력이 있다. 온라인 강의를 맡은 강사의 격려에 마이크는 물리학을 잘 못하는 학생들을 가르치는 온라인 개인 교사 일을 하기로 동의했다.

마이크에게 지난 학기에 물리학 수업을 수강하지 말았어야 할 여학생이 맡겨졌다. 그 여학생은 수업을 따라가지 못하고, 낙제점으로 학기를 마쳤다. 마이크는 여학생에게 물리학을 가르치며 많은 시간을 보냈다. 여학생은 물리학에서 통과 점수를 받도록 도와준 마이크에게 매우 감사했다.

여학생의 부모님 역시 마이크의 도움에 감사했다. 여학생의 부모님이 근처의 레스토랑에서 함께 식사하자고 마이크를 초대했다.

마이크는 식사 초대에 응하기를 매우 꺼렸지만 여학생의 부모님은 완강했고, 결국 마이크는 그들의 제안을 받아들였다. 마이크는 흰 셔츠와 넥타이를 사고, 가장 좋은 바지를 다림질하고, 구두에 광을 냈다.

일찍 레스토랑에 도착한 마이크는 여학생 가족의 이름으로 예약된 좌석에 안내받았다. 마이크의 좌석 앞쪽에 종업원이 있었다. 매력적인 아가씨가 부모인 듯 보이는 부부와 함께 도착했다. 그 가족이 테이블로 안내되자 마이크는 인사하기 위해 일어섰다. 마이크의 뚱뚱한 모습에 당황한 그들은 놀란 표정을 감추지 못했다. 여학생의 아버지는 빠르게 냉정을 되찾았고, 마이크와 악수하며 다정히 인사했다. 하지만 여학생이 마이크의 옆자리에 앉기를 주저하자, 자신에 대한 부정적인 생각이 더 강해졌다. 그것은 아버지와 학교 친구들이 계속 마이크에게 심어준 생각이다. 마이크는 양해를 구하고 자리에서 일어나 집으로 돌아왔다. 집에서 그는 안전했다. 상황을 통제할 수 없다면 다시는 모험하지 않을 것이다. 마이크는 회피성 성격장애가 있다.

**특징과 진단 기준**

미국정신의학협회는 '회피성 성격장애의 주요한 특징은 사람들과 관계에서 억압되고, 자신이 부족하다고 느끼며, 부정적 평가에 민감하게 반응하는 행동 양식이다. 이런 행동은 성인기 초반에 시작되고 상황에 따라 여러 모습을 보인다'고 규정한다. 미국정신의학협회가 상술하는 회피성 성격장애의 구체적인 진단 기준은 다음과 같다.

> 사람들과 관계에서 억압되고, 자신이 부족하다고 느끼며, 부정적 평가에 민감하게 반응하는 행동 양식은 성인기 초반에 시작되고 상황에 따라 여러 모습을 보인다. 다음 중 4가지 이상 해당하면 회피성 성격장애의 징조다.
>
> 1. 비난, 반대, 거절이 두려워 중요한 사람과 교제를 포함한 직장에서 활동을 피한다.
> 2. 자신을 좋아하는 게 확실치 않은 사람과 어울리기를 주저한다.
> 3. 친한 사람과 관계에서도 창피나 놀림을 당할까 조심한다.
> 4. 사람들과 어울릴 때 비난받고 거절당하리란 생각에 빠져 있다.
> 5. 자신이 부족하다는 생각 때문에 새로운 사람을 만나

는 상황을 피한다.
6. 자신이 사교성이 부족하고, 매력이 없으며, 남들에 비해 열등하다고 생각한다.
7. 곤란해질 것이라는 생각 때문에 일신상의 위험을 감수하거나 새로운 활동에 참여하기를 매우 꺼린다.

**주의 사항**

미국정신의학협회는 회피성 성격장애가 성인기 초반에 시작된다고 규정하지만, 회피성 성격장애의 시작을 알리는 사전 지표를 인식할 수 있다면 성격장애의 발생이나 정도가 심해지는 것을 막는 데 매우 유용할 것이다. 어느 날 아침 회피성 성격장애가 있는 상태로 깨어나는 사람은 없다. 시간이 흐르며 문제적 행동이 심해지는 것이다.

아동기에 수줍음과 두려움, 고독을 느끼기 시작한다. 아이가 부끄러워하도록 만드는 요인은 여러 가지다. 부모가 과잉보호하는 아이는 낯선 것을 두려워하는 경향이 있다. 치한이 어린이를 유괴하는 사건이 늘면서 부모들을 사회적 히스테리 상태로 만든다.

앰버경고(어린이가 실종됐을 때 다양한 매체를 통해 대중에게 즉시 그 사실을 알리는 시스템. 1996년 텍사스 알링턴에서 납치·살해된 아홉 살 소녀 앰버 해거먼의 이름에서 유래한 말이다. 앰버경고는 공중파나 위성방송, 케이블방송뿐만 아니라 이메일, 교통 상황 안내판, SMS 등으로 배포된다. 로또복권 단말기를 이용하는 주도 있다. 앰버경고 내용은 유괴된 아이의 이름과 특징, 납치범의 특징, 납치범의 차량 번호 등이다.―옮긴이)가 발령되면 모든 부모는 지나치게 두려워하고 아이를 과잉보호한다. 아이를 보호하지 말라거나 낯선 사람을 조심해야 한다고 가르치지 말라는 이야기가 아닙니다. 부모가 두려움 때문에 아이를 외부와 차단하면 아이는 모든 낯선 사람을 두려워한다. 부모의 염려는 직간접적으로 아이에게 전달된다. 부모가 자녀에게 모르는 사람과 이야기하지 말라고 하면 자녀는 사람을 만났을 때 수줍어하고 두려워한다. 부모가 축구와 같은 또래 활동에 자녀가 참여하도록 허락지 않아도 마찬가지다.

자녀를 지켜보는 사람을 감시하고 적절하게 행동하는 것이 부모의 책임이다. 또래 모임에 참여한 아이들을 비디오로 찍고, 거주지에 성범죄자로 등록된 사람이 있는지 파악하고 조심하도록 가르치는 것이 자녀가 또래 활동을 못 하게 막는 것보다 분별 있는 행동이다. 예컨대 수영 코치로 자원한 사람의 신원을 꼼꼼히 살피는 것이 자녀가 수영반에 들어가지 못하게 막는 것보다 분별 있는 행동이다. 많은 아이는 태어나면서부터 수줍어하고 두려워하는 것이 아니라 그렇게 길러진다.

새로운 문화로 들어가거나 적응해야 하는 아이는 불안해

한다. 새로운 행동 규범을 알지 못하니 불안해하는 것이 당연하다. 부모와 선생님은 아이가 새로운 환경에 적응하도록 도울 책임이 있다. 새로운 환경에서도 천성적으로 사교적인 아이는 거의 없다. 어른의 도움은 받아들여지지 못할까 두려워하는 아이의 염려를 줄여준다. 아이가 적응에 어려움을 겪는 것을 알고 도와주지 못하면 회피성 성격장애로 진전될 수 있다.

**진단 기준 해설**

**1.** 비난, 반대, 거절이 두려워 중요한 사람과 교제를 포함한 직장에서 활동을 피한다.

회피성 성격장애가 있는 사람은 대인 관계에 스트레스를 받는다. 그들은 회사의 활동에 참여하지 않는다. 회피성 성격장애가 있는 사람은 단체 활동이 필요한 직업에 결코 종사하지 못한다. 그는 자기 공간에 홀로 남아 직장의 단체 활동에 참여하지 않기를 바란다. 겉으로는 수줍음이나 거만함 때문인 것 같지만, 사실은 실패하거나 비난받을까 두려워하기 때문이다. 동료들과 작업하거나 사교적 활동에 참여하기를 꺼리면 승진 혹은 긍정적 근무 평가를 받는 데 방해가 될 수 있다.

**2.** 자신을 좋아하는 게 확실치 않은 사람과 어울리기를 주저한다.

회피성 성격장애가 있는 사람은 사교적인 모임에서도 같은 행동을 한다. 그는 거절에 대한 두려움 때문에 새로운 사람을 만나고 사귀기를 주저하며, 오랫동안 알고 지낸 사람하고만 어울린다. 오랫동안 알고 지낸 사람과 어울리면 편안하고, 자신에게 비판적이지 않을 것도 확실하다. 회피성 성격장애가 있는 사람은 가까운 친구가 소개한 사람이라도 새로운 만남에 회의적이다. 그는 '오랜' 친구가 '새로' 만난 사람이 더 좋아 자신을 떠날까 염려하기도 한다.

**3.** 친한 사람과 관계에서도 창피나 놀림을 당할까 조심한다.

창피나 놀림을 당하는 것에 대한 두려움은 회피성 성격장애가 있는 사람이 친밀한 관계를 발전시키는 데 방해가 된다. 관계가 덜 형식적이고 편안해지면 짓궂은 장난과 농담이 더해진다. 회피성 성격장애가 있는 사람은 이것이 편안한 관계에서 친한 관계로 바뀌는 자연스런 과정임을 이해하지 못하고 자신을 놀리는 것으로 받아들여 관계를 끝내고 만다.

이런 경험은 자신이 부적절하다는 감정을 강화하고, 결과적으로 그는 사람들과 편안한 관계를 넘어 친해지려 하지 않는다. 편안한 관계에서 친한 관계가 되려던 상대방은 갑작스런 관계 단절에 놀란다. 이런 일이 반복됨으로써 회피성 성격장애가 있는 사람의 부정적 자기 인식이 강화되고, 그는 더욱 고립되려는 성향을 띤다.

**4.** 사람들과 어울릴 때 비난받고 거절당하리란 생각에 빠져 있다.
회피성 성격장애가 있는 사람은 비난받을지도 모른다는 생각에 억압되고, 비난받을 일을 아예 피하려 한다. 모임에 참석하지 않으면 비난받을까 염려할 필요도 없다. 비난받을까 두려워하기보다 동료들이 함께 점심 식사하자는 제안을 거절하는 편이 훨씬 쉽다. 회피성 성격장애가 있는 사람은 직장 동료의 경박한 행동을 지켜본다. 동료의 경박한 행동에는 사람들에게 '웃음을 주기 위한' 짓궂은 언행도 포함된다. 회피성 성격장애가 있는 사람은 짓궂은 장난을 조롱이라 생각하며, 그것이 자신에게 향할지 모른다는 두려움에 사로잡힌다. 다른 사람들에게서 고립되면 놀림당할 일도 없다. 유감스럽게도 그는 장난뿐만 아니라 동료들에게서도 벗어난다. 그에게는 점심 식사를 하자거나 퇴근 후 어울리자는 초대 역시 끊어진다.

 이런 행동은 직장에 국한되지 않는다. 친구들도, 그를 이해하는 가족도 거의 없다. 그가 비판에 대한 두려움을 극복하기 원하는 친구는 그에게 사교적인 모임에 함께 참석하자고 제안한다. 하지만 회피성 성격장애가 있는 사람은 두려움 때문에 그런 모임에 참석하지 못한다. 부모님이 화낼

지라도 일가친척이 모이는 자리나 심지어 장례식에도 가지 않을 수 있다. 가족 가운데 짓궂은 장난을 하는 사람이 늘 있기 때문이다. 회피성 성격장애가 있는 사람이 자초한 고립은 가족과 친구도 멀어지게 만든다. 결과적으로 가치 없는 사람이라는 자기 인식이 강화된다.

**5.** 자신이 부족하다는 생각 때문에 새로운 사람을 만나는 상황을 피한다.

회피성 성격장애가 있는 사람이 모든 상황을 피할 순 없다. 그는 되도록 은둔하려고 하지만, 살아가기 위해서는 사람들과 교제가 필요하다. 회사의 크리스마스 파티나 친척의 결혼식에 가지 않을 수 없다. 참석해야 하는 새로운 상황은 언제든 생긴다.

회피성 성격장애가 있는 사람은 어떤 대가를 치르더라도 사람들과 교제하는 일을 극도로 피하려고 한다. 억지로 대화에 참여해야 하는 시간에 그는 터무니없이 부끄러워하고, 가능한 한 적은 단어를 사용해 짧게 대답한다. 이렇게 행동하고 나서 상대방의 반응을 보며 자신이 부족하다는 생각을 한다. 편안한 대화가 불가능하면 상대방은 좀 더 편안한 다른 사람에게 옮겨 간다. 상대방이 떠나면 자신이 부족하다는 생각은 강해지고, 그는 사람들과 만나는 상황을 더 꺼린다.

**6.** 자신이 사교성이 부족하고, 매력이 없으며, 남들에 비해 열등하다고 생각한다.

회피성 성격장애가 있는 사람은 자기애성 성격장애나 히스테리성 성격장애가 있는 사람과 정반대 모습을 보인다. 회피성 성격장애가 있는 사람은 자신이 사교적인 상황에 부적합하다고 생각하고 위축된다. 자신이 매력 없다고 생각하면 누가 그에게서 매력을 찾을 수 있겠는가? 이런 생각이 단정치 못한 외양으로 드러나기도 한다. 자신에게 매력이 없는데 다른 사람에게 매력적으로 보이기 위해 시간과 에너지, 돈을 투자할 이유가 있겠는가?

열등하고 사교성이 부족하며 매력이 없다는 생각은 자신에게 해가 될 뿐만 아니라, 그를 사회적으로 고립 상태에 빠뜨린다. 그는 단정치 못한 외모에 수줍어하는 행동으로 혼자 지내며 자신이 비난의 대상이 되지 않는다고 생각한다. 하지만 사람들은 뒤에서 그에 대해 이러쿵저러쿵 이야기한다. 그가 닫힌 문 뒤에 있으니 듣지 못할 뿐이다.

**7.** 곤란해질 것이라는 생각 때문에 일신상의 위험을 감수하거나 새로운 활동에 참여하기를 매우 꺼린다.

회피성 성격장애가 있는 사람은 현재 상태가 유지되면 행복해한다. 그들은 익숙한 장소에 머물기를 원하고, 어색함을 두려워해 익숙한 장소 밖의 새로운 활동에 참여하기를 매우 꺼린다. 일반적으로 사람들은 새로운 활동을 시작하기를 주저하지만, 결국에는 대부분 새로운 활동에 참여한다. 사람들에게는 개인적 한계선이 있어서 그 선을 넘지 않는다. 사람에 따라 스카이다이빙, 번지점프, 법률 위반은 누가 설득해도 하지 않는다. 하지만 회피성 성격장애가 있는 사람은 카드 게임이나 새로운 술집에 가는 것, 새로운 춤을 배우는 등 해가 되지 않는 일조차 시작하기를 꺼린다. 어색함에 대한 두려움이 그들을 익숙한 장소에 '얼어붙게' 만든다.

### 원인과 경과

회피성 성격장애가 발현하는 데는 여러 가지 원인이 있다. 부모의 과잉보호는 앞서 논의했다. 부모에게 감정적인 학대를 받은 아이 역시 회피성 성격장애가 되기 쉽다. 지속적이고 수시로 쓸모없다는 말을 듣고 자란 아이는 자신이 정말로 쓸모없다고 믿기 시작한다. 매우 잘난 형제의 그늘에서 자란 아이는 회피성 성격장애가 발현할 위험이 크다. "왜 네 형처럼 되지 못하니?" "형은 훌륭한 운동선수가 돼서 모든 사람이 좋아하는데, 너는 왜 그렇게 멍청하니?"라는 말을 계속 듣고 자란 아이는 자신이 부족하다는 생각을 한다. 그는 형에게 부끄럽지 않을 만큼 할 수 없다는 두려움으로 시도조차 하지 않는다. 자신이 부족하다는 사실을 받아들이고, 놀림과 조롱당할 가능성을 줄이기 위해 고립을 선택한다.

아이들은 외상후스트레스장애와 비슷한 상태가 될 수 있다. 반 친구들 앞에서 과제를 암송하도록 지적받은 아이는 긴장해서 오줌을 지리거나 울음을 터뜨릴 수 있다. 둘 다 매우 당황스런 상황이다. 선생님이 아무리 신경을 써도 그 아이가 다른 아이들에게 놀림받는 것을 막을 수 없다. 그 순간이 아이에게 위험이 된다. 아이는 학교 공포증이 생기고, 다른 학생들과 활동하기를 거부하며, 자신을 놀림과 조롱의 세계에서 고립시킨다.

회피성 성격장애가 있는 사람은 당황스런 상황을 극복하고자 치료받기를 원하는 경우 성공적인 결과를 보인다. 행동 치료, 인지 행동 치료, 정신분석 등이 회피성 성격장애를 치료하는 데 효과적이다.

**대하는 법**

어린 시절 강박성 성격장애나 자기애성 성격장애가 있는 부모의 감정적인 학대, 성장기의 거듭된 좌절과 따돌림 등이 대인 관계에 스트레스를 받는 회피성 성격장애의 원인이 된다. 자신을 열등하고 사교성이 부족하며 매력이 없다고 여겨 사회적인 고립 상태에 빠뜨린다.

  부정적인 표현이나 태도는 그들을 움츠리게 하므로 최대한 긍정적인 표현과 태도를 보여주는 것이 중요하다. 그들은 어떤 변화도 잘 받아들이려고 하지 않기 때문에 스스로 움직일 때까지 참을성 있게 기다리며 그들의 장점을 찾아 칭찬하고 격려한다. 회피성 성격장애가 있는 사람은 치료를 잘 받아들이고 성공적인 결과를 보인다.

# 10 의존성 성격장애
## Dependent Personality Disorder

## 스스로 판단하려 하지 않고 타인에게 지나치게 순응한다

### 시나리오

집을 떠나 대학에 가는 일은 에이미에게 악몽이었다. 친구들은 모두 고등학교 마지막 학년을 보내며 부모님을 떠나 독립한다는 생각에 매우 즐거워했다. 에이미의 친구들은 반에서 인정받는 아이들이었다. 공부도, 운동도 잘하고 인기도 많았다. 고등학생 시절은 에이미에게 가장 소중한 시간이었다. 친구들이 최고의 프로그램을 제안하는 학교와 다양한 커리큘럼에 대해 이야기하면 에이미는 불안해서 소화가 안 되는 것 같았다. 하지만 내색하지 않고 명랑하게 친구들의 들뜬 대화에 참여하고, 전공과목과 관련 학교에 대해서도 이야기했다. 친구들과 다르게 보이고 싶지 않았기에 집을 떠나 고등학교 친구들 없이 지낼 두려움을 드러내지 않았다.

에이미는 부모님 곁을 떠나는 일이 두려웠다. 가족과 친구들의 도움 없이 먼 대학교에서 홀로 지내는 것을 생각도 할 수 없었다. 에이미는 가족과 친구들에게 의존해 모든 결정을 내렸다. 중요한 사항뿐만 아니라 옷 입는 스타일이나 데이트 상대, 여가 활동처럼 사소한 일에서도 마찬가지다. 에이미는 결코 독립적이거나 주체적이지 않았다. 다른 사람이 대신 결정해주면 매우 만족했고, 자기에게 의견을 물으면 다른 사람이 답하도록 넘겼다. 스스로 결정하는 것은 에이미에게 근심스런 일이었다.

에이미는 대학 선택과 관련해 커지는 염려를 해결할 방법을 찾았다. 하지만 친구들에게 그 지역의 대학에 진학해서 가족과 함께 머무르며 학업을 계속하겠다고 말할 수 없었다. 친구들이 비웃으리란 사실을 알았기 때문이다. 친구들은 고등교육 과정으로 그 지역의 대학을 선택한 아이들에게 아직 덜 자라 엄마의 치맛자락을 놓지 못한다며 비웃었다. 다른 지역 대학에 입학할 경제적인 능력이 되지 않거나, 지원한 대학의 커리큘럼에 관심이 있어서 결정한 것이라도 관계없었다. 에이미 역시 친구들과 달라 보이지 않으려고 소리 높여 그 아이들을 비웃었다. 에이미는 두려움을 감추는 데 성공했지만, 대학에 진학해 집을 떠난다는 생각만으로도 기가 꺾였다.

에이미는 마침내 탈출구를 찾았다. 가까운 친구 한 명이

30분 떨어진 곳에 있는 보수적인 기독교 대학에서 간호학을 공부하기로 결정한 것을 알았기 때문이다. 에이미는 재빨리 관심 직업을 간호사로 바꾸고, 친구와 같은 대학에 지원했다. 입학이 허가되자 에이미는 친구에게 기숙사 룸메이트가 되면 어떻겠느냐고 물었다. 친구도 바로 수락했다. 아무도 큰 대학교에서 홀로 지내려 하지 않을 것이다. 에이미와 친구는 같은 수업에 등록했다. 에이미의 공포는 사라졌다. 주말이면 집에 갈 수 있었다. 더구나 엄마가 매주 기숙사에 와서 빨랫감을 집으로 가져가겠다고 약속했다. 대학에 가도 그다지 나쁠 것 같지 않았다.

  기숙사의 방은 네 명을 위해 설계됐다. 두 사람이 같은 방을 썼고, 방마다 욕조가 딸린 화장실이 있었다. 에이미와 친구는 방을 어떻게 꾸밀지 계획했다. 둘은 상점에 들러 침대보와 베갯잇, 커튼을 샀다. 에이미는 아무 의견이 없이 친구의 선택에 만족하며 같은 물건을 골랐다. 친구가 선택한 것이 마음에 들지 않아도 기꺼이 따랐다. 둘은 옷도 함께 샀는데, 친구는 에이미가 똑같은 옷을 선택한 사실조차 인식하지 못했다.

  기숙사로 이사하는 날이 다가오자 에이미의 불안은 커졌다. 에이미는 엄마 곁에 머물려고 했다. 평소에 하지 않던 집안일을 돕기도 했다. 에이미에게는 엄마의 보살핌이 간절히 필요했다. 에이미는 엄마가 한 주에 한 번 빨랫감을 가지러 기숙사에 올 것이며, 주말이면 집에서 지내도 좋다는 말을 반복하도록 만들었다. 결혼 생활이 행복하지 않은 엄마는 에이미를 돌보는 일을 삶의 보람으로 여겼다. 에이미 아버지는 여가를 차고에서 아들의 차를 손보며 보냈다. 아버지는 에이미의 오빠와 밀접했다. 에이미와 엄마는 서로 의존적이고, 아버지와 엄마는 서로 무관심했다. 에이미가 엄마를 떠나는 것에 대해 염려하는 만큼 엄마 역시 딸의 부재를 염려했다.

  에이미는 슬프지만 기숙사로 이사했다. 에이미와 친구는 계획대로 방을 꾸몄다. 같은 기숙사 방에 배정된 두 룸메이트도 도착했다. 둘은 먼 지방에서 왔고, 아는 사람이 하나도 없었다. 그들은 에이미와 친구를 보고 깜짝 놀랐다. 에이미와 친구의 머리 모양뿐만 아니라 방의 꾸밈새도 광고를 그대로 옮겨놓은 듯 똑같았기 때문이다. 에이미와 친구가 다정하게 환영 인사를 할 때도 그들은 놀라서 벌어진 입을 다물지 못했다. 자기 방으로 들어간 그들은 에이미와 친구를 비웃고 동성애자가 아닌지 의심했다. 에이미와 친구를 강당에서 만난 두 룸메이트는 에이미와 친구가 동성애자라고 소문을 퍼뜨렸다.

  에이미의 친구가 다른 여학생들에게 배척당한다는 사실을 깨닫기까지는 오래 걸리지 않았다. 결과적으로 친구는 에이미와 떨어지려고 노력했다. 친구는 매력적이고 주변

에 연애하고 싶은 남학생이 늘 있었기에 에이미와 헤어지기 쉬웠다. 잘생긴 축구부 남학생이 친구를 남학생 기숙사 파티에 초대했고, 친구는 그 초대에 응했다. 친구는 에이미에게 데이트 사실을 알리지 않았고, 에이미는 아무것도 모른 채 주말에 집으로 갔다. 친구는 레즈비언이라는 편견을 없애려고 남자 친구와 데이트하는 것을 과시하며 유혹적으로 행동했다. 친구의 부주의한 행동이 남학생 기숙사와 체육관 탈의실에서 회자됐고, 남학생들은 앞다퉈 친구를 파티에 초대했다.

친구는 에이미와 관계를 확실히 끝내려고 에이미가 자신과 같은 옷을 입으면 화냈다. 하루 이틀 전에 자신이 입은 것과 비슷하게 입어도 마찬가지였다. 에이미는 고등학생 시절 규칙적으로 데이트했고, 지금도 주말이면 고향의 남자 친구들을 만났다. 친구도 에이미가 동성애자가 아니라는 것을 알았지만, 모든 의혹과 부정적인 시선을 없애려는 노력으로 기숙사 사감에게 방을 바꿔달라고 요구했다. 에이미는 헤어지자는 친구의 요구에 망연자실했다. 에이미는 친구에게 머물러달라고 애원했고, 친구가 방을 옮기자 통제할 수 없을 정도로 울었다. 에이미가 동성애자라는 인식 때문에 아무도 에이미와 지내려 하지 않았다.

에이미는 외톨이가 되는 상황에 기겁했다. 룸메이트의 도움을 받지 않고는 자신을 돌볼 수 없어서 두렵고, 자신에게 적대적인 대학의 분위기가 견디기 힘들었다. 새로운 친구를 사귈 수도 없었다. 에이미는 자신이 쓸모없는 존재라 느끼고 희망이 없다고 생각했다. 2주 동안 홀로 적대적인 환경에 머무르던 에이미는 발작적으로 울며 엄마에게 자신을 집으로 데려가달라고 간청했다. 엄마는 딸의 부탁을 들어줬고, 에이미가 일을 스스로 처리하도록 두지 않았다. 에이미는 의존성 성격장애가 있다.

## 특징과 진단 기준

미국정신의학협회는 '의존성 성격장애의 주요한 특징은 다른 사람이 자신을 돌봐주기를 지나치게 바라고, 자신을 돌봐주는 사람에게 순종적·의존적이며, 그와 분리되는 것을 두려워한다'고 규정한다. 미국정신의학협회가 상술하는 의존성 성격장애의 구체적인 진단 기준은 다음과 같다.

> 다른 사람이 자신을 돌봐주기를 지나치게 바라고, 자신을 돌봐주는 사람에게 순종적·의존적이며, 그와 분리되는 것을 두려워하는 행동은 성인기 초반에 시작되고, 상황에 따라 여러 모습을 보인다. 다음 중 5가지 이상 해당하면 의존성 성격장애의 징조다.

1. 다른 사람의 지나친 조언과 재확인 없이는 일상적인 결정을 내리기 어려워한다.
2. 삶의 중요한 영역을 다른 사람이 책임지기 바란다.
3. 지지나 승인을 잃을지 모른다는 두려움으로 다른 사람의 의견에 반대하기를 어려워한다. 보복을 두려워하는 게 아님에 주목해야 한다.
4. 동기나 능력이 부족하다기보다 판단력 혹은 능력에 대한 자신감이 부족해서 어떤 일을 시작하기 어려워한다.
5. 남들의 보살핌과 지지를 얻고자 노력한다. 심지어 불쾌한 일을 떠맡기도 한다.
6. 자신을 돌볼 수 없다는 과장된 두려움 때문에 혼자 있을 때면 불안하고 무기력하다.
7. 가까운 관계가 끝났을 때 자신을 돌봐주고 지지해줄 사람을 절실히 찾는다.
8. 자기 일을 스스로 하는 것에 대한 비현실적인 두려움에 사로잡혀 있다.

**주의 사항**

위에서 묘사한 증상을 나이에 따른 적절성, 건강 상태와 같은 사정, 연령과 성별에 따른 문화적 기대에 비춰 철저히 평가해야 한다. 중년인 어른이 위안과 지지를 얻고자 부모의 집으로 이사한다면 나이에 적절하지 않은 행동으로 여겨진다. 하지만 부상이나 병에서 회복하고자 부모의 집으로 이사한 사람은 나이에 부적절하다고 여기지 않는다.

문화에 따라 특정 성별에 복종할 것을 강요하기도 한다. 가정 밖에서 일하는 것은 남자의 의무고, 여자는 가정을 돌보며 남편의 요구를 이의 없이 들어줘야 한다고 배운 젊은 여자는 의존성 성격장애가 있는 듯 보일 수 있다. 하지만 사실은 문화에 따른 행동 규범에 순응한 것이다.

아이들은 근심스런 상황에서 부모의 돌봄과 보호에 집착한다. 하지만 그런 유대를 끊고 독립성을 보여야 하는 때가 온다. 사춘기 아이들은 부모의 규칙이나 의견, 바람에 '반항적'이기로 악명 높지만, 사춘기는 정상적인 발달단계상 중요한 시점이다. 반항 정도에 차이가 있으나, 형법에 어긋나는 행동을 하면 나이에 따른 반항이라 할 수 없다.

대조적으로 10대 청소년이 부모의 지지와 돌봄에 집착하고 모든 결정을 내릴 때 부모에게 의존한다면 나이에 적절하지 않다. 의존성 성격장애의 진단은 사람이 스스로 살아가는 데 보이는 두려움과 부적절함에 달렸다. 이 진술은 의존성 성격장애가 있는 사람을 지능이나 건강상의 결핍, 문화적 경험을 이유로 비슷한 행동을 보이는 사람과 구별하게 돕는다.

**진단 기준 해설**

**1.** 다른 사람의 지나친 조언과 재확인 없이는 일상적인 결정을 내리기 어려워한다.

의존성 성격장애가 있는 사람은 어떤 옷을 입을지, 점심에 뭘 먹을지, 잘 아는 장소에 가면서 어느 길로 운전할지 따위 사소한 것을 결정하는 데 어려움을 겪는다. 부적절하다는 느낌과 확인받고 싶은 마음 때문이다. 그는 우유부단함 때문에 비난받거나 극진한 관심을 받는다. 우유부단함 때문에 비난받는 경우 의존성 성격장애가 있는 사람은 상처를 받는다. 비난받을지, 관심 받을지는 양육자의 심리와 기분에 달렸다.

**2.** 삶의 중요한 영역을 다른 사람이 책임지기 바란다.

의존성 성격장애가 있는 사람은 자신을 돌봐주고 대신 결정해줄 사람이 필요하다. 부적절함에 대한 두려움은 그를 수동적으로 만들며, 자기 의견에 솔직하지 못하게 한다. 그는 나이에 맞지 않게 과도한 관심을 받은 곳이나 늘 같은 일이 일어나는 곳, 일상적이지 않은 일이 생기면 다른 사람이 대신 결정을 내리는 곳에서 편안해한다. 의존성 성격장애가 있는 사람은 삶의 중요한 결정을 항상 다른 사람에게 내리도록 하는 경향이 있다. 의존성 성격장애가 있는 남자는 지배적인 여자와 결혼하지 않는 이상 부모의 집에서 떠나기를 주저한다. 비슷하게 응석받이로 자란 아가씨는 아버지의 역할을 하고 자신을 돌보리라 여겨지는 남자와 결혼하기를 기대한다.

**3.** 지지나 승인을 잃을지 모른다는 두려움으로 다른 사람의 의견에 반대하기를 어려워한다. 보복을 두려워하는 게 아님에 주목해야 한다.

의존성 성격장애가 있는 사람은 다른 사람에게 반대하지 않는다. 그는 반대 의견이 부적절하고 '어리석어' 보일까, 지지와 승인을 얻는 토대인 사람을 잃을까 두려워한다. 결과적으로 그는 동의하는 듯 보이지만 수동적으로 방관하기를 선택하고, 다른 의견을 제시하지 않는다. 부모나 배우자처럼 보호를 제공하는 사람이 반대 입장이 아닌 이상 그는 항상 다수 의견에 따른다. 그는 지지와 승인을 잃는 위험에 처하느니 보호를 제공하는 사람 의견에 동조한다.

의존성 성격장애가 있는 젊은 기혼 여성은 배우자나 부모 가운데 선택해야 한다면 고민에 빠진다. 부모는 아동기와 청소년기에 그 여자를 돌보고 관심을 줬다. 이는 그에게 아주 곤란한 상황이다. 양쪽 모두 의존성 성격장애가 있는 사람이 충성심을 보이기 원하고, 그 여자가 이에 제대로 반응하지 못하면 갈등이 생긴다.

**4.** 동기나 능력이 부족하다기보다 판단력 혹은 능력에 대한 자신감이 부족해서 어떤 일을 시작하기 어려워한다.

의존성 성격장애가 있는 사람은 새로운 일을 시작하기를 매우 꺼린다. 부적당하다는 느낌은 그를 경직되게 만든다. 그는 어떤 일을 시작하고 조직하고 완수할 능력에 대한 자신감이 거의 혹은 전혀 없다. 결과적으로 그는 학교와 직장, 친목 모임에서도 책임져야 하는 일을 자발적으로 맡지 않는다. 하지만 책임질 필요가 없거나, 다른 사람에게 제대로 규제받는다고 느끼면 무슨 일이든 기꺼이 참여한다. 불행히도 이런 상황은 자신이 부족하고 스스로 돌볼 능력이 되지 않는다는 느낌을 강화한다.

**5.** 남들의 보살핌과 지지를 얻고자 노력한다. 심지어 불쾌한 일을 떠맡기도 한다.

의존성 성격장애가 있는 사람은 학대받는 관계를 떠나지 못한다. 과잉보호 속에 자신을 돌볼 능력이 되지 않는다고 주지 받으며 자란 여자는 지배적이고 자신을 돌볼 능력이 분명한 남자에게 끌린다. 유감스럽게도 이런 남자는 때로 감정적·신체적·성적인 학대를 한다. 의존성 성격장애가 있는 사람은 행동 규범에 관해 그의 의견을 좌지우지해줄 사람이 필요하다. 그는 자신을 학대하는 사람에게 반대하거나 그와 다투지 않으며, 성적 학대의 피해자가 되기 쉽다.

**6.** 자신을 돌볼 수 없다는 과장된 두려움 때문에 혼자 있을 때면 불안하고 무기력하다.

의존성 성격장애가 있는 사람은 자신이 매우 무기력하다고 생각해서, 혼자가 되고 자신을 돌보지 못하는 것에 편집증 증상을 보인다. 혼자 있기를 두려워하는 과부나 홀아비는 쉽게 눈에 띈다. 배우자를 잃은 상황에서 부족함을 느낀다면 의존성 성격장애의 증상이 아니다. 직업에 종사하거나 공과금을 지불하거나 운전해본 적 없는 과부는 스스로 살아가는 일을 두려워한다. 음식을 준비하거나 세탁해본 적 없는 홀아비는 자신을 돌보는 일을 두려워한다.

운전을 배우고, 수표장의 수지를 맞추고, 시간제 일자리를 구한 과부는 두려움을 내려놓고 과거에서 벗어난다. 동일하게 홀아비는 요리하고 빨래하는 방법을 배운다. 하지만 의존성 성격장애가 있는 사람은 두려움을 극복하지 못한다. 그는 타인의 도움을 받지 않고는 살 수 없다고 생각한다. 의존성 성격장애가 있는 홀아비와 과부는 자녀를 데리고 이사하거나, 그들의 삶을 돌봐줄 새로운 상대를 절박하게 찾는다.

이런 특성을 보이는 것은 어른뿐만 아니다. 독립적으로 사는 것이 두려워 부모의 집을 떠나지 못하는 젊은이는 의존성 성격장애의 좋은 예다. 부모의 집을 떠나지 못하는 젊은이 가운데 부모의 지원을 계속 받고자 꾀를 부리는 사람도 있지만, 스스로 살아가는 시도가 두려운 이도 있다. 어른이 된 자녀를 계속 집에 머물도록 허락하는 부모는 자녀가 스스로 살아가지 못한다는 생각을 강화하고, 의존성 성격장애가 계속되도록 만든다.

**7. 가까운 관계가 끝났을 때 자신을 돌봐주고 지지해줄 사람을 절실히 찾는다.**

의존성 성격장애가 있는 사람은 자신을 돌봐주던 사람과 관계가 끊어지면 공황에 빠진다. 대학을 졸업하고 부모의 집에서 나와야 한다는 이유로 취업 제안을 거절한 사람은 의존성 성격장애일 수 있다. 강제로 부모의 집을 떠나야 한다면 그는 부모의 보살핌을 대신할 새로운 사람을 찾는 일이 시급하다고 생각할 것이다.

의존성 성격장애가 있는 젊은 여자는 아버지처럼 자신을 돌봐줄 남자를 간절히 찾고, 부모와 가까운 거리에 살며 부모의 지원과 결정에 대한 확신을 얻으려 한다. 의존성 성격장애가 있는 젊은 남자는 어머니에게 그랬던 것처럼 의지할 수 있는 여자를 찾는다. 의지하는 대상이 어머니에서 아내로 바뀔 뿐이다. 아내가 그를 돌보고 의존할 대상이 돼준다면 남편의 의존성 성격장애는 강화된다. 어머니가 하던 역할을 아내가 거절하면 성격장애가 있는 남편은 자신을 지지하고 대신 결정해줄 새로운 여자를 찾는다.

**8.** 자기 일을 스스로 하는 것에 대한 비현실적인 두려움에 사로잡혀 있다.

의존성 성격장애가 있는 사람은 '내가 어떻게 스스로 살아가겠어!'라는 생각에 사로잡혀 있다. 이런 생각은 자신에게 해가 된다. 의존성 성격장애가 있는 사람은 어떤 일을 결정할 때 재차 확인받기 원한다. 그 때문에 그가 의지하는 상대방이 떠나면 자신에 대해 확신하지 못하는 그의 생각은 현실이 된다.

**원인과 경과**

부모가 의존성 성격장애 진단을 받은 아이들은 그렇지 않은 가정에서 자란 아이들보다 의존성 성격장애 진단을 받을 위험이 훨씬 높다. 따라서 양육 방식에 의존성 성격장애의 원인이 있음을 쉽게 알 수 있다. 아이들은 독립적이지 못한 아버지를 보고 자란다. 어머니는 아버지의 모든 일에 간섭한다. 자신이 부족하다는 아버지의 느낌은 강화되고, 아이들 또한 아버지가 부족하다고 생각한다. 그러면서 아이들은 아버지를 따라 한다. 그렇게 행동하면 아버지와 똑같이 보살핌을 받고 지지받고 결정을 재차 확인받을 수 있기 때문이다.

의존성 성격장애는 다른 성격장애보다 임상에서 흔히 발

견된다. 의존성 성격장애가 있는 사람은 치료에 쉽게 수긍하지만, 의사는 주의해야 한다. 그가 의사의 도움 없이는 혼자 살아갈 수 없다고 생각할 위험이 있기 때문이다.

### 대하는 법

의존성 성격장애가 있는 사람은 실패나 거절이 두려워 사소한 일도 결정하지 못한다. 성장기에 적절한 좌절을 경험하며 자아가 성장해야 하는데 그러지 못했기 때문이다. 그들은 자기 생각이나 감정을 표현할 줄 모르는데, 이는 스스로 생각하거나 자기를 성찰하지 않기 때문이다.

의존성 성격장애가 있는 사람은 무슨 일이 생기면 어떻게 할까 생각하기 전에 의지하는 사람에게 당장 도움을 청한다. 이때 도움을 주기보다 그들의 생각은 어떤지 물어 스스로 생각하고, 그 생각을 말하게 하는 것이 바람직하다. 그들을 대할 때 실패해도 괜찮다며 격려하고, 다른 생각을 표현하면 칭찬해서 스스로 생각하고 판단하고 실행하도록 이끌어주는 것이 중요하다. 스스로 해내서 자신감을 회복하게 해야지, 친절하게 도와줬다가는 의존성만 키울 뿐이다.

# 11 강박성 성격장애
## Obsessive-Compulsive Personality Disorder

지나치게 엄격하고 인색하며,
쓸모없는 물건을 버리지 못한다

### 시나리오

새벽 5시 45분, 존은 자명종의 고전음악 소리에 잠에서 깼다. 존은 직장에 나가는 월요일부터 금요일까지 언제나 새벽 5시 45분에 일어난다. 그러고 나서 담요를 가지런히 개고, 침대보를 반듯하게 정리한다. 존의 일상은 판에 박은 듯 똑같다. 커피가 담긴 통을 꺼내고, 신경 써서 분쇄 커피를 한 스푼 뜬 다음, 분량을 정확히 하고자 버터 나이프로 봉긋한 부분을 깎아낸다. 그리고 냉장고에서 찬물을 꺼내 정확한 양만큼 커피메이커에 붓는다.

  커피가 준비되는 동안 면도하고 샤워를 한다. 존이 옷을 입는 순간에 커피메이커에서 작동이 끝났음을 알리는 소리가 난다. 커피를 따르기 전에, 존은 현관문의 방범 구멍을 통해 아파트 복도를 내다본 다음 자물쇠 여러 개를 돌려 문을 열고 신문을 집는다. 존은 낙태권 옹호에 반대가 예상된다는 오늘의 헤드라인을 못마땅한 눈으로 바라보며 고개를 젓는다.

존은 달걀 두 개, 베이컨, 토스트, 커피 두 잔을 먹고 자기 의견과 기준에 맞는 부분의 기사를 읽는다. 그리고 회사에 출근하기 위해 외투를 입는다. 존의 옷장에는 옷과 신발이 가득하다. 존은 서서히 살이 찐 다음 속성 다이어트 하기를 반복한다. 옷장에는 사이즈가 다양한 옷이 가득하고 대부분 아주 낡았다. 10년 혹은 그 이상 된 옷이지만 존은 안다. 살이 찌고 빠지는 일이 반복될 것이고, 레저 슈트는 다시 유행하리란 사실을.

존의 아파트는 스키너의 미로 같다. 책과 잡지, 신문이 구석구석에 쌓였고, 그 사이로 통로가 생겼다. 통로에도 존이 버릴 수 없는 불필요한 물건이 가득하다. 존은 '만일의 경우'에 대비해 나중에 필요할지도 모른다고 생각되는 모든 것을 가지고 있다.

존은 돈에도 인색하다. 그는 대도시 금융 지구에 있는 큰 은행에서 회계 관련 일을 한다. 존은 비용 때문에 자가용도 타지 않는다. 자가용을 소유할 여력이 되지만 돈을 아끼기 위해 버스를 이용한다. 존은 자동차를 불필요한 소비라 여기고, 사람들이 정말 필요한 경우에 대비해 돈을 가지고 있

는 편이 더 나으리라 생각한다.

 존은 날마다 같은 버스를 탄다. 버스가 정류장에 늦게 도착하면 운전사에게 불쾌함을 표시한다. 존은 회사에 제때 도착해야 한다는 생각으로 몹시 불안했다. 그래서 1년 전부터 더욱 이른 시간에 버스를 타고 8시 전에 회사에 도착하는 것으로 아침 일과를 바꿨다. 8시 전에 회사에 도착하는 것이 의무는 아니지만, 존의 규칙이 그렇다. 존은 자신의 업무 규칙을 반드시 지키며, 계획한 일이 끝나기 전에는 절대로 퇴근하지 않는다. 점심시간을 넘긴 적이 없고, 15분씩 두 번 쉬는 시간도 반드시 지킨다.

 존은 맨 처음 사무실에 도착하고, 지각하는 직원에게는 중얼거리는 것으로 불만을 표시한다. 존은 결코 그들과 맞서거나 상사에게 보고하지 않는다. 하지만 직원들이 지각하거나 커피잔을 들고 동료와 어울리느라 8시 30분까지 자리에 앉지 않으면 중얼중얼 불평한다. 이전의 보고서와 회계 자료가 쌓인 것을 빼면 존의 자리는 잘 정리됐다. 그가 사용하는 연필은 같은 길이만큼 뾰족하게 깎인 상태다. 존은 혼자서 일하기를 좋아하고 업무 성과도 높다. 이것이 직무 평가와 급여 인상에 도움이 되지만, 존은 팀으로 하는 일은 잘 못한다.

 다른 동료의 지시 아래 팀으로 하는 일이 주어지면 존은 비참하게 실패했다. 존이 규칙과 자주 바뀌는 규정을 엄수

해야 한다고 집착하는 바람에 팀워크가 깨졌기 때문이다. 그런 상황에서 팀의 리더는 존에게 리더 역할을 위임했고, 존은 다른 사람이 리더이기에 그 역할을 위임받기 꺼렸다. 존의 지나친 완벽주의는 팀원을 짜증스럽게 만들었지만 그들은 모두 안다. 때가 되면 맡겨진 과제가 해결될 것이고, 결과물 또한 훌륭하리란 것을. 팀원들은 존과 대립하며 다투기보다 존이 모든 일을 맡아서 하게 됐다. 다른 팀원들이 퇴근 후 여가를 즐기는 동안 존은 밤늦게까지, 심지어 모두 쉬는 주말에도 일했다. 존은 여가를 희생하고 일하는 게 편했다. 결과적으로 존은 친구가 거의 없고, 사람들과 어울리지도 않았다.

존은 삶의 모든 영역에서 기준과 규칙, 가치, 윤리, 도덕을 엄격히 지켰고, 자신과 비슷하지 않은 사람의 행동과 의견을 용납하지 않았다. 이런 태도 때문에 친구가 되거나 알고 지내는 사람의 범위가 좁아졌다. 존이 그들을 거부하기도 했고, 사람들이 경직적인 태도를 보이는 존을 떠나기도 했다. 가치관이 비슷한 여자를 찾을 수 없기에 데이트도 못했다. 데이트할 상대를 발견할 때마다 존은 변함없이 경직적이고 관계를 통제하려는 태도로 여자를 질리게 만들었다. 존은 강박성 성격장애가 있다.

## 특징과 진단 기준

미국정신의학협회는 '강박성 성격장애의 주요한 특징은 규칙에 얽매이고, 완벽주의자며, 유연성과 개방성, 효율성을 희생하는 대신 감정을 통제하고 인간관계를 제어하려는 것이다'라고 규정한다. 미국정신의학협회가 상술하는 강박성 성격장애의 구체적인 진단 기준은 다음과 같다.

규칙에 얽매이고, 완벽주의자며, 유연성과 개방성, 효율성을 희생하는 대신 감정을 통제하고 인간관계를 제어하려는 행동 방식은 성인기 초반에 시작되고 상황에 따라 여러 모습을 보인다. 다음 중 4가지 이상 해당하면 강박성 성격장애의 징조다.

1. 정작 중요한 사안을 놓치기까지 세부 사항과 규칙, 목록, 순서, 구성, 일정에 집착한다.
2. 임무 완수에 방해가 되는 완벽주의를 보인다. 예컨대 본인의 엄격한 기준이 충족되지 않았기 때문에 프로젝트를 끝내지 못한다.
3. 일과 생산성을 위해 여가와 교우 관계를 배제할 만큼 필요 이상으로 헌신한다.
4. 문화적·종교적 정체성을 고려하지 않고 도덕과 윤리 혹은 가치관에서 지나치게 양심적이고 엄격하다.

5. 추억이 있는 것이 아닌데도 낡고 쓸모없는 물건을 버리지 못한다.
6. 남들이 자신의 방식을 따르지 않으면 공동 작업을 맡거나 공동 작업에 참여하기를 주저한다.
7. 자신이나 남에게 모두 인색하다. 돈은 미래의 재난에 대비해 비축해야 하는 것이다.
8. 엄격성과 경직성을 보인다.

**주의 사항**

각각의 기준을 살펴보기 전에 강박성 성격장애와 강박증이 다르다는 것을 알아야 한다. 둘 다 '강박'이라는 단어를 사용하지만, 강박성 성격장애와 강박증은 다른 질병이다.

미국정신의학협회는 강박증을 '하루에 한 시간 이상 강박적 사고와 행동에 소모하거나, 강박적 사고와 행동이 심각한 고통이나 장애를 초래한다'고 규정한다. 눈에 띄는 예는 청결에 대한 강박적 사고 때문에 하루에 100번도 넘게 손을 씻는 것, 언론에서 계속 논의되는 아동 성범죄자에 관한 강박적 사고 때문에 자녀를 집 밖으로 내보내지 않는 것 등이다.

강박성 성격장애가 있는 사람은 문화적 관습, 경제적 환경, 일시적 감정 손상뿐만 아니라 다른 성격장애의 특징을 다수 보인다. 따라서 정확한 진단을 위한 필요조건이 있다. 미국정신의학협회는 강박성 성격장애를 다른 성격장애와 확실히 구분 짓는 행동 특징을 제공한다. '물건을 버리지 못하고 심각하게 쌓아두는 경우 강박성 성격장애를 진단해야 한다. 예컨대 쓸모없는 물건을 쌓아둔 것 때문에 화재의 위험이 있고, 다른 사람이 집에서 돌아다니지 못한다.'

**진단 기준 해설**

**1.** 정작 중요한 사안을 놓치기까지 세부 사항과 규칙, 목록, 순서, 구성, 일정에 집착한다.

강박성 성격장애가 있는 사람은 사소한 사항에 집착해 정작 그 일의 목적을 놓친다. 규정을 준수하고, 순서를 고집하고, 너무 꼼꼼하게 직무 내용을 기술하다 보면 동료들에게 불편을 초래한다. 동료들은 강박성 성격장애가 있는 사람이 설정한 진행 과정에 지치고, 그 결과 작업의 목적을 이루지 못한다.

그는 사람들과 어울릴 때도 규칙에 집착한다. 가족 모임은 오랫동안 보지 못한 친지들이 모여 서로 안부를 묻고 과거를 회상하며 즐거움과 기쁨을 얻는 것이 목적이다. 하지만 강박성 성격장애가 있는 사람이 가족 모임을 준비하면 세부 사항과 규정, 계획된 결과, 시간표를 만든다. 규칙과

시간표에 집착하는 그 사람 때문에 가족은 짜증스럽고 화가 난다. 그는 상황을 완전히 통제해 모든 사람이 '좋은 시간'을 보내게 하려다 보니 명령하고 융통성 없이 행동한다. 그는 다른 가족의 의견은 무시한다. 결과적으로 즐거움을 위한 모임은 망치고 만다.

**2.** 임무 완수에 방해가 되는 완벽주의를 보인다. 예컨대 본인의 엄격한 기준이 충족되지 않았기 때문에 프로젝트를 끝내지 못한다.

많은 회사가 생산성 향상을 위해 팀워크를 발휘해야 하는 활동을 활용한다. 어떤 회사는 생산성과 이윤을 높이려고 직원의 취미 활동을 장려하는 새로운 경영 이념을 도입한다. 논리에 따르면 이윤을 나누는 것이 직원의 생산성을 높이고 손실을 줄이며, 결과적으로 이윤을 늘리는 가장 적절하고 성공적인 방법이다. 하지만 어떤 회사는 이윤을 팀 단위로 나눈다. 직원에게 사명 선언문, 목적과 목표를 기록하라고 한다. 이때 개인적인 방식에 따라 협력을 거부하는 사람이 있으면 공동 작업에 실패한다.

강박성 성격장애가 있는 사람이 속한 팀은 분명히 일을 완수할 수 없다. 강박성 성격장애가 있는 사람은 완벽주의자로 각 문장을 읽으며 모든 가능성을 따진다. 각 팀에 규정이 주어지면 그는 한 치의 오차도 없이 세부적인 사항을 따른다. 남는 것은 팀원들의 분노와 실망뿐이다.

**3.** 일과 생산성을 위해 여가와 교우 관계를 배제할 만큼 필요 이상으로 헌신한다.

이 기준은 개인적인 상황과 직업적인 성향에 비춰 조심스레 살펴야 한다. 로스쿨을 막 졸업하고 개인회사에서 일하는 사람에게 강박성 성격장애를 진단하는 것은 적절하지 않다. 법률 회사는 문화적으로 직원이 주 60~80시간 일하기를 기대한다. 과도한 노동은 강박적 사고와 행동으로 보이고, 사람들이 그를 '일중독자'라고 부를 수도 있다. 하지만 그는 가족이나 친구와 시간을 보내기 좋아한다.

가족의 경제적 필요 때문에 가능한 초과근무를 모두 하고, 두 가지 직업에 종사해야 하는 사람에게 강박성 성격장애 진단을 내리는 것은 옳지 않다. 일을 좋아하고 여가에도 일하면서 큰 즐거움을 얻는 사람에게 강박성 성격장애 진단을 내리는 것 역시 잘못이다. '놀이'에서 즐거움을 얻는 사람이 있는 반면, '일'에서 본질적인 가치를 찾는 사람도 많다. 따라서 강박성 성격장애로 진단하려면 일을 좋아하지 않으면서 항상 일에 매여 있고 가족과 친구, 즐길 수 있는 모든 행동에서 벗어나려 한다는 기준을 만족해야 한다.

다른 일에 방해가 될 만큼 차고 바닥을 청소하고, 흙 묻은 신발을 신고 다녔다며 자녀를 혼내는 행동은 강박성 성격장애의 예다. 그는 다른 일을 할 때도 세부 사항과 규칙에 집착한다. 그와 함께 포섭을 하는 나머지 세 사람은 골프를 즐길 수 없다. 그는 자기의 자세와 PGA 규칙에 관한 생각을 떨치지 못한다. 그는 멀리건을 허용하지 않는다. 출발점에서 공을 발로 치는 것은 범죄행위나 마찬가지다. 그와 함께 골프 경기를 하는 친구에게는 즐거움이 없다.

**4.** 문화적·종교적 정체성을 고려하지 않고 도덕과 윤리 혹은 가치관에서 지나치게 양심적이고 엄격하다.

이 기준은 때로 이해하기 어렵다. 이는 사는 곳의 모든 법률을 지키는 사람이 강박성 성격장애라는 이야기가 아니다. 융통성 없이 모든 행동 규정을 수용하고 따르는 사람에 대한 이야기다. 강박성 성격장애가 있는 사람은 정식으로 형법에 명시된 규정이든, 종이에 적힌 모노폴리(부동산을 사고파는 게임—옮긴이) 규칙이든, 받아들이거나 세뇌된 도덕 기준이든 지나치게 집착한다. 이런 행동을 이해하는 데 도움이 되는 예는 수없이 많다.

아이에게 체스를 가르칠 때 조금만 실수해도 가차 없다. 아이가 말에서 손가락을 떼고 실수를 깨달았다면 강박성 성격장애가 있는 사람은 아이가 말을 옮긴 것을 물리게 두지 않는다. 특정 주에서 도박을 금지한다면 성냥개비를 걸고 포커 치는 것도 위법이라고 생각한다. 근무시간이 오전 8시부터 오후 5시까지고, 점심시간이 한 시간이라고 작업 일정에 규정됐다면 강박성 성격장애가 있는 사람은 8시 전에 사무실에 도착하고, 점심시간은 정확히 한 시간이며, 전날 밤 집에서 세 시간 동안 일했어도 오후 5시 전에는 퇴근하지 않는다. 규정을 엄격히 지켜야 한다는 생각은 다른 사람에게도 적용된다. 강박성 성격장애가 있는 사람은 남들의 행동을 판단한다. 그의 판단은 동료 관계에도 부정적인 영향을 끼친다. 그는 상황을 여유 있게 생각하거나 유연성을 발휘하지 않는다. 그는 자신이 아는 기준을 고수한다.

**5. 추억이 있는 것이 아닌데도 낡고 쓸모없는 물건을 버리지 못한다.**

강박성 성격장애가 있는 사람은 오래전 신문, 실뭉당이, 알루미늄포일을 감은 종이를 모아둔다. 그가 게을러서 이 물건을 버리지 않는 것이 아니라 언젠가 필요하리라 믿기 때문에 버리지 못한다. 그의 방에는 쓸모없는 물건이 쌓여 움직일 공간조차 없다. 미국정신의학협회는 이런 행동이 강박성 성격장애 진단을 내리는 데 결정적이라고 밝혔다.

**6. 남들이 자신의 방식을 따르지 않으면 공동 작업을 맡거나 공동 작업에 참여하기를 주저한다.**

강박성 성격장애가 있는 사람은 다른 사람들과 협력할 수 없다. 다른 사람들이 그의 기준과 기대를 분명히 따를 때 함께 일할 수 있다. 그는 자신이 지시하는 대로 일이 진행

되기를 요구한다. 이런 상황은 비단 일에 국한되지 않는다. 강박성 성격장애가 있는 아버지에게 낚시를 배운 아들은 낚싯바늘에 미끼를 꿰는 것까지 아버지가 하는 대로 따라야 한다. 그는 다른 사람이 자신의 지시를 그대로 따르지 않으면 화를 낸다. 강박성 성격장애가 있는 농구 코치의 지시에 따르지 않는 청소년은 운동장을 더 뛰거나, 코치가 가르쳐준 자세가 될 때까지 오랫동안 자유투 연습을 해야 한다. 창의적으로 생각하는 것은 권장되지 않으며, 오히려 벌을 받는다.

**7.** 자신이나 남에게 모두 인색하다. 돈은 미래의 재난에 대비해 비축해야 하는 것이다.

돈에 대한 생각도 쓸모없는 물건을 모아두는 것과 마찬가지다. 돈은 사용하는 것이 아니라 모아야 하는 것이다. 강박성 성격장애가 있는 사람은 생활에 필요한 것에 대한 기준이 있다. 낡고 유행에 뒤떨어진 옷은 여전히 쓸 만하고, 새 옷을 사느라 돈을 쓰느니 그냥 그 옷을 입는 게 낫다. 아이들은 옷을 물려 입힌다. 밑창이 닳은 신발은 여전히 신을 만하고, 그런 신발이 신발장 뒤편에 죽 쌓였다. 강박성 성격장애가 있는 사람은 뭔가 구입할 여력이 돼도 생존하기 위해 돈이 정말 필요한 '만일의 경우'를 생각하며 모아둔다.

**8.** 엄격성과 경직성을 보인다.

앞서 논의한 모든 기준에서 엄격성과 경직성을 볼 수 있었다. 강박성 성격장애가 있는 사람은 융통성이 없고 변화를 꺼린다. 그는 자기 의견에 집착한다. 그는 다른 시선으로 세상을 바라볼 능력이 없기 때문에 소외되고 곤란에 빠진다. 그에게 일과 놀이, 삶은 '전체적으로' 끝까지 원칙을 지켜야 하는 것이다.


**원인과 경과**

강박성 성격장애 진단을 받은 사람이 있는 지배적인 환경에서 자란 사람에게 강박성 성격장애가 나타날 가능성이 가장 높다. 미국정신의학협회는 남자가 여자보다 두 배나 많이 강박성 성격장애 진단을 받는다고 규정한다. 이런 결과는 강박성 성격장애가 있는 사람에 의한 지배적 가정에서 이 성격장애가 발현할 가능성이 높다는 사실에 무게를 싣는다.

  강박성 성격장애는 일반적으로 사춘기 후반과 성인기 초반에 나타나며, 만성적이고 평생 지속된다. 엄격성과 경직성 때문에 치료에 성공할 가능성이 적다.

### 대하는 법

강박성 성격장애가 있는 사람은 자기 생각이나 방식으로 모든 것을 통제해야 하며, 자기의 기준을 다른 사람에게도 요구한다. 그의 편향되고 융통성이 없는 성격은 다른 사람을 힘들게 하는 것은 물론, 자신도 힘든 상황에 빠뜨린다. 그렇다고 그와 맞섰다가는 역효과를 초래할 뿐이다.

강박성 성격장애가 있는 사람을 대할 때는 그의 편향성과 경직성을 어느 정도 존중하는 대신 명확한 역할 분담과 한계를 정하는 것이 중요하다. 그래야 그의 통제 욕구를 어느 정도 막을 수 있다. 강박성 성격장애가 있는 사람을 방치하는 것도 바람직하지 않다. 그는 책임감이 강하며 완벽하려고 하기 때문에 무슨 일이든 최선을 다하는데, 그 때문에 우울증이나 신체화장애에 시달린다. 그의 편향된 가치관이 치우치지 않도록 도와주고, 모든 사물과 일에 다양성과 양면성이 존재한다는 것을 깨닫게 해줘야 한다.

에필로그

# 성격장애, 알면 통제할 수 있다

이 책을 마치며 모든 질병과 성격장애는 심각성의 정도가 다르다는 사실을 강조할 필요가 있다. 각 성격장애는 저마다 심각한 정도의 연속선 위에 놓인다. 연속선의 한쪽 끝에는 대수롭지 않은 상황이 놓이고, 반대편 끝에는 불안하고 심각한 상황이 놓인다. 어떤 사람이 반사회성 성격장애나 행동장애를 검사할 때 심각성의 정도를 살피는 것이 중요하다.

 반사회성 성격장애의 연속선 한쪽 끝에서는 아무 염려나 후회, 희생자에 대한 감정적인 동요 없이 사회규범을 위반하는 사람을 볼 수 있다. 이들은 불륜을 저지르고, 탈세하며, 고용주의 현금 등록기에서 돈을 꺼내 숨긴다. 연속선의 다른 끝에서도 염려나 후회, 희생자에 대한 감정적 동요 없이 사회규범을 위반하는 사람을 볼 수 있다. 이들은 강간, 살인, 대량 학살을 저지른다. 반사회성 성격장애가 있는 사람은 최소한의 정도에서 시작해 연속선의 다른 끝으로 옮겨 가는 것일까? 어떤 사람은 분명 그렇기도 하지만, 대다수 사람은 그렇지 않다. 이들이 연속선에 머무르며 행동을 바꾸기로 결심하기까지 연속선을 따라 정도가 심해지는 것은 맞지만, 최소한의 정도에서 시작하는 것은 아니다. 이들은 양심 때문에 행동을 바꾸지 않는다. 그보다 특정 행동으로 얻는 즐거움이 행동에 따른 결과보다 못할 지경이 되면 행동을 바꾸기로 결정한다. 유감스럽게도 반사회성 성격장애와 행동장애가 있는 사람은 체포돼 유죄판결을 받고 수감된 이후에야 행동이 바뀐다.

여러분은 이 책을 읽으며 성격장애 진단 기준에서 친한 사람, 가족과 친구, 아는 사람의 모습을 발견할 것이다. 알면 통제할 수 있다. 지켜보고 평가하면 알 수 있다. 당신이 어떤 사람의 행동과 태도에 의문이 있다면 그 사람과 관계에 헌신하기 전에 주의 깊게 보라. 현재 그 사람에게서 벗어나기 힘든 상황이라면 거리를 두고 지켜보고 귀담아듣는 것으로 심각성의 정도를 확인하라. 성격장애가 있는 많은 사람은 치료를 잘 받아들인다. 하지만 특정 성격장애에 따라 치료받기를 극도로 꺼리는 사람도 있다.

어떤 성격장애도 완벽한 예시는 없다는 사실을 아는 것이 중요하다. 어떤 사람은 진단 기준이 되는 행위를 몇 가지만 보이는 반면, 다른 사람은 많은 특징적 행동을 보인다. 성격장애 진단을 내리는 데 서두르지 말고 행동과 처신, 태도를 관찰하라. 상황에 따른 일시적 감정장애로 성격장애와 같은 행동을 보일 수 있다. 이 경우 근심을 만드는 환경이 해결되면 그런 행동도 사라질 것이다.

부록

# 성격장애를 연구한 대표적인 심리학자들

성격장애의 이해와 연구는 대규모 작업이다. 정신 건강을 다루는 임상의학자들의 수천 가지 자료를 살피며 시간을 보내야 한다. 나는 독자를 배려해 성격장애에 대한 오해를 해소하고자 노력했다. 이 책은 임상의에게 필요한 포괄적인 안내서가 아니다. 그보다 대학원생, 일반 대중에게 성격장애에 관한 통찰력을 제공하고 싶었다.

심리학자의 교육과 연구, 경험에 따라 이론적 시각은 다양하게 발전한다. 어떤 심리학자들은 생리학적으로 성격장애가 나타나기 쉬운 사람이 있다고 믿는 반면, 다른 심리학자들은 성격장애의 행동 특징은 학습되는 것이며 그런 행동을 제거할 수 있다고 믿는다.

부록은 관심 있는 독자들이 여러 심리학자의 이론적 시각을 더욱 포괄적이고 깊이 살펴보는 시발점이 될 것이다. 이들은 학문에 기여한 바에 따라 인정받는다. 많은 사람이 사망했지만, 이들의 이론적 시각은 현대의 연구 노력을 이끌어냈다. 초기의 이론적 시각은 후대 연구자들에 의해 대부분 수정됐다. 이어지는 명단에 모든 심리학자가 포함되지는 않지만, 성격장애의 연구와 관련된 대표적인 사람은 모두 실었다. 이름은 출생 연도 순이다.

### 이반 파블로프 Ivan Pavlov, 1849~1936

파블로프는 행동주의의 아버지다. 인간은 불합리하고 환경에 반응한다는 다윈주의 이론을 따른 파블로프는 동물을 대상으로 한 연구를 통해 모든 행동은 환경적인 자극에 대한 반응일 뿐임을 보였다. 파블로프의 연구는 학습에 관련됐다기보다 조건반사 분석에 제한되는 뇌에 대한 연구다.

### 지그문트 프로이트 Sigmund Freud, 1856~1939

지그문트 프로이트의 공로를 인정하지 않고는 성격에 대한 논의를 마칠 수 없다. 훈육에서 프로이트의 공로는 다양하지만, 성격에 대한 이론은 성격장애의 논의와 관련된다. 그는 성격을 유전된 특성과 본능을 나타내는 이드(id), 환경과 관련된 개인의 성격의 일부분인 자아(ego), 자아를 감시하는 무의식적 양심인 초자아(superego)로 나눴다.

프로이트는 성 심리의 발달단계를 거쳐 성격이 발달한다고 주장하며, 특정 발달단계와 연관된 억압 경험을 역기능과 연관 지었다. 그는 발달단계에서 억압 경험을 철저히 이해하면 정신병 치료에 효과적으로 이용할 수 있다고 주장했다. 프로이트는 불쾌하고 원치 않는 경험이 무의식에 잠재됐다가 현재의 상황에 부적절한 행동으로 드러나는 것이라 생각했다. 과거의 불쾌한 경험을 억압한 사람은 불쾌함을 배출하고자 분노한다. 프로이트는 역기능의 원인을 이해하면 감정적·정신적 건강을 회복할 수 있다고 주장했다.

## 알프레트 아들러 Alfred Adler, 1870-1937

의사로 교육받은 알프레트 아들러는 지그문트 프로이트의 초기 추종자지만, 인간의 본성에 대한 견해는 궤도를 달리했다. 아들러는 인간을 움직이는 동기는 과거의 경험이 아니라 미래에 얻고자 하는 목표라고 믿었으며, 인간을 고유한 삶의 스타일을 발전시키는 '전인적' 존재라 생각했다. 사람의 창조적 자아는 삶에 대한 시야를 밝혀주는 경험을 얻고자 애쓴다. 사람은 자신에 관련된 경험과 기회를 인지하고 평가한다.

사람은 이룰 수 없는 목표를 위해 노력하며, 그에 따른 실패로 열등하다는 비합리적인 믿음이 있다. 실패는 본인의 능력을 불신하고 자기 본위로 경험이나 기회를 비딱하게 보는 이유가 된다. 아들러는 또 사람은 천부적으로 사회를 바르게 하려는 목적을 위해 이타적으로 행동하며, 능력에 따라 개인적인 목표와 목적을 이루는 것으로 사회에 봉사하고 사회를 바로잡으려고 노력한 보상을 받는다는 이론을 전개했다.

### 카를 융 Carl Jung, 1875-1961

융은 프로이트의 가까운 동료이자, 프로이트 이론의 추종자다. 융은 자신의 고유한 이론을 발전시키고자 1913년 프로이트와 관계를 정리했다. 하지만 그의 작업에서 많은 부분은 용어만 수정했을 뿐, 프로이트의 이론을 그대로 반영한다. 융은 심리학과 종교의 관계를 연구했다. 융이 프로이트의 연구를 받아들인 것은 사람이 균형과 안정을 얻고자 애쓴다는 믿음 때문이다. 융은 사람들이 감정상의 안녕을 위해 심리 치료를 받아들인다고 믿었다.

### 카렌 호나이 Karen Horney, 1885-1952

염려와 신경증에 관한 호나이의 연구는 두려움이나 염려와 관련한 행동을 이해하는 데 매우 중요하다. 호나이는 아이와 환경의 관계를 다뤘다. 불안정한 환경에 놓인 아이는 안정감을 얻지 못하고, 염려하게 만드는 경험에 관한 불쾌감을 짜증과 울음, 고립, 공격적 행동 같은 여러 가지 모습으로 드러낸다. 그의 이론은 어른에게도 적용된다.

근심이 생기는 상황과 관련해 어른이 불편함을 느끼는 경우 자연스런 반응은 불편함을 줄이는 것이다. 사람은 염려를 줄이는 다양한 기제를 발전시킨다. 호나이는 사람들의 기제가 염려를 발생시키는 자극을 향해 가거나, 자극을 피하거나, 자극에 대항하는 것이라고 설명한다. 다양한 기제가 실패하면 계속 염려하고, 약물 남용이나 공포증, 공격성으로 전이, 우울증 등 부적절한 적응기제를 취한다.

## 장 피아제 Jean Piaget, 1896-1980

피아제는 훈육에서 가장 중요한 발달심리학자다. 그는 아이의 인지 발달에 관해 광범위한 연구를 했고, 인지 학습에서 가장 널리 받아들여지는 이론을 수립했다. 피아제의 이론은 아이들을 인지 발달단계에 따라 분류하고, 인지능력 수준에 따른 특정한 능력을 규정한다. 그의 이론은 확립된 기준에 반하는 아이의 인지 발달 정도를 결정하기 위해 광범위하게 사용된다. 피아제의 연구 덕분에 장애나 발달 지연을 보이는 아이들을 분류하고 적절한 도움이나 재활 치료를 제공할 수 있다.

피아제의 연구는 아이, 10대 청소년, 어른의 능력을 확인하는 데도 유용하다. 피아제는 나이가 인지능력에 관련되지 않는다는 것을 보여준 선구적 연구자다.

### 고든 올포트 Gordon Allport, 1897-1967

올포트는 어떤 사람들은 보통 사람들에게 드문 특징이 있다고 주장했다. 이 사실을 인지하는 것이 성격장애에 관한 연구다. 올포트는 또 어떤 사람의 행동은 이런 특징을 드러내는 것이라 규정했다. 사람의 행동은 이와 같은 '특징'에서 벗어날 수 없다. 어떤 사람이 유순함을 특징으로 키워왔다면 그는 유순한 태도로 상황에 대응한다.

올포트는 '특징'은 생물학적으로 결정되지 않고 오랜 시간 노출된 환경과 경험으로 진전된다고 주장했다. 그는 다른 학자들과 비슷하게 성격의 발달단계를 받아들였다. 올포트는 연구 범위를 확장해서 이해 가능하고 가장 의미 있고 현실적이고 합리적인 '성숙한 성격'을 규정하고자 노력했다.

### 윌리엄 셸던 William Sheldon, 1898-1977

셸던은 성격과 행동이 체격과 직접 연관된다는 이론을 지지하는 연구로 유명하다. 그는 체격을 세 부류로 나누고, 그와 연관된 성격유형을 규정했다. 결과적으로 셸던은 인간은 생물학적으로 특정 성격유형이 된다는 이론적인 시각을 지지했다.

### 에리히 프롬 Erich Fromm, 1900~1980

프롬은 개인의 성격 발달에서 사회의 역할을 인지한 것으로 유명하다. 그는 개인이 자신의 필요와 욕구뿐만 아니라 사회에 순응하며 살아간다는 사실을 간과했다고 프로이트를 비판했다. 인간의 욕망은 사회의 요구와 부딪힌다. 프롬은 개인이 사회에 적응하기 위해 수용해야 할 특성이 수없이 많다고 생각했다. 개인은 이런 특성을 일부는 받아들이고, 일부는 받아들이지 못한다. 이런 특성 가운데 일부는 개인의 필요와 바람과 욕망을 충족하려는 경향을 보이지만, 일부는 사회의 요구에 복종하려는 경향을 보인다.

### 에릭 에릭슨 Erik Erikson, 1902~1994

에릭슨은 아동심리학 연구, 특히 사회화와 관련된 발달단계 인지 연구로 유명하다. 아이가 성장하며 경험하는 사회 환경은 정체성 발달의 도구가 된다. 어떤 역할을 수용한 아이는 결과적으로 그 역할을 실행하고, 사회 환경 안에서 성공하거나 실패하며, 자아 정체성을 생성한다. 에릭슨은 정체성의 발달에서 양육 방식과 학교의 환경이 중요하다는 사실을 인정하고, 각 발달단계에 갈등 가능성이 존재한다고 제시했다. 정체성 확립에 따라 아이나 청소년은 자신에게 성공이나 실패의 기대를 부여한다. 특정 환경에서 경험이 개인의 기대에 미치지 못할 때 그는 자신의 정체성에 의문을 품는다. 대조적으로 스스로 부여한 기대가 충족될 때 그의 자아 인식이나 정체성은 강화된다.

## B. F. 스키너 B. F. Skinner, 1904-1990

스키너는 미국의 가장 유명한 심리학자다. 그의 이론 역시 논란의 여지가 있다. 스키너는 모든 행동은 학습된다는 포괄적인 진술로 인식에 따른 행동과 질병의 역할을 사실상 의미 없게 만들었다. 그는 파블로프의 이론적 시각에 따라 보상 체계를 적용함으로써 어떻게 행동을 수정할 수 있는지 보이며 모든 시간을 보냈다.

  스키너는 행동의 원인에는 관심도 지식도 별로 없었고, 행동의 수정에만 집중했다. 그는 행동의 이유에 관계없이 보상 체계를 적용해 행동을 수정할 수 있다고 주장했다. 행동의 원인과 환경, 인식의 역할을 다루지 않은 것은 상당한 논쟁의 원인이 된다.

## 에이브러햄 매슬로 Abraham Maslow, 1908-1970

매슬로는 '욕구 단계설'로 유명하다. 그의 이론적 관점은 인간의 비합리적인 충동을 인정한다. 인간은 배고픔과 목마름, 휴식처, 따뜻함이 충족돼야 다음 단계의 욕구로 이동할 수 있다. 인간의 필요와 바람, 욕구에 대한 체계적인 묘사는 탐심이라는 개념과 필요 대 바람이라는 개념을 이해하도록 돕는다. 사용할 수 있는 모든 소득을 본능적 필요를 위해 사용한다면 바람을 충족할 수 없고, 첫째 단계를 넘어 성장할 수 없다. 삶을 다른 사람들의 상황과 비교하면 불만은 증가한다. 매슬로는 인간은 용인되고 성장하기 위해 본성적으로 노력한다고 가정하는 반면, 다른 심리학자들은 갈등이 고조되기 때문에 인간은 자연적으로 욕구의 상위 단계로 올라갈 수 없다고 주장한다.

### 앨버트 엘리스 Albert Ellis, 1913-2007

앨버트 엘리스는 '합리적 정서적 치료(Rational Emotive Therapy)'와 '합리적 정서적 행동 치료(Rational Emotive Behavior Therapy)'로 알려졌다. 그의 치료법은 인간이 합리적이고 인식적이라는 견해를 바탕으로 전개된다. 엘리스는 인간이 환경에 좌우된다는 견해를 거부하고, 환경에 대한 반응을 통제할 이성적 능력이 있다고 본다.

환경적인 자극을 제대로 보거나 깨닫지 못하면 인간은 비합리적인 태도로 반응하고, 바람직하지 않은 결과가 나온다. 엘리스는 또 인간이 환경적인 자극을 명확하게 이해하면 여러 반응을 고려해 원하는 목적을 이룰 수 있는 합리적인 태도로 반응할 것이라고 주장한다.

엘리스의 이론은 성격장애를 이해하는 데 도움이 된다. 성격장애는 만성적이고 경직적이기 때문에 환경적인 자극을 제대로 인식하지 못하게 만들고, 결과적으로 그는 여러 행동 대안을 평가하거나 적절한 방식으로 대응하지 못한다.

### 한스 아이젱크 Hans Eysenck, 1916-1997

아이젱크는 정신병을 분석한 연구로 가장 유명하다. 여기에는 임상의학자들이 반사회성 성격장애를 진단할 때 사용하는 진단표를 개발한 것도 포함된다. 그의 연구에 대한 논란이 있었다. 반사회성 성격장애가 있는 부모의 아이들은 유전적으로 동일한 장애로 발전된다는 이론을 따랐기 때문이다. 아이젱크는 성격장애가 발달 과정에 속하고 학습되는 것이라는 이론을 거부했다.

### 앨버트 반두라 Albert Bandura, 1925-2021

반두라는 발달심리학의 선구자로, 사회 학습 이론(Social Learning Theory)의 발달과 보급에 기여했다. 반두라는 엄격한 행동주의 학파에서 벗어나 개인이 어떤 행동을 배우기 위해 반드시 직접 경험할 필요는 없다고 주장했다. 그에 따르면 개인은 다른 사람의 특정 행동에 대한 상과 벌을 지켜보는 것만으로도 환경의 자극에 대한 행동 반응을 배운다. 즉 아이는 뜨거운 전구를 만질 필요 없이 형제가 뜨거운 전구를 만지고 고통스러워하는 모습을 지켜보면 된다.

  반두라의 사회 학습 이론은 사회구조의 확산을 이해하는 데 광범위하게 쓰인다. 젊은이들은 갱의 주변에서 갱에 가입하는 데 따른 상과 벌을 지켜본다. 마약을 취급해 돈을 벌고 고성능 자동차, 비싼 옷, 여자들의 숭배를 받는다. 경쟁 관계에 있는 갱이 달리는 차에서 쏜 총에 살해당한다. 체포되고, 유죄판결을 받고, 감옥에 갇힌다. 이런 부정적인 결과는 젊은이들이 갱에 가입하지 않게 만드는 힘이 된다. 하지만 갱이 살아가는 방식을 선호하고 이런 결과를 무시하는 젊은이도 많다. 유사하게 10대 청소년은 아버지가 어머니의 뺨을 때려 잔소리를 '멈추게' 하는 모습을 지켜본다. 그 아이는 때리는 행동이 원하는 결과를 가져오는 것을 보고 여자 친구를 순종하게 만들기 위해 같은 행동을 한다.

  학교, 법 집행기관, 청소년을 돕는 사회복지사는 반두라의 이론을 이용해 청소년의 행동을 이해할 뿐만 아니라 위기에 처한 청소년을 돕기 위해 효율적 프로그램을 계획한다. 반두라의 이론은 생물학적 부모가 특정 성격장애를 진단받은 경우 아이들이 그 성격장애를 보일 가능성이 높다는 통계를 이해하는 데 통찰력을 준다. 하지만 반두라의 이론적 입장은 아이가 유전적으로 성격장애가 되는지, 성격장애가 있는 부모의 행동을 따라 하기 때문에 성격장애가 되는지 해답을 주지 않는다.

## 로버트 D. 헤어 Robert D. Hare, 1934-

헤어는 정신병이 생리학적으로 나타난다는 사실을 보여준 연구로 유명하다. 그는 반사회성 성격장애 진단을 받은 남자 어른과 정상적인 10대 청소년을 대상으로 뇌파 검사를 했다. 검사 결과 반사회성 성격장애 진단을 받은 남자의 뇌파는 정상적인 10대 청소년의 뇌파와 비슷했으며, 헤어는 이 결과를 '성숙 지체 가설(Maturation Retardation Hypothesis)'로 발전시켰다.

헤어는 인간이 사춘기에 성장하는 것과 마찬가지로 인간의 뇌는 사춘기 동안 세포의 용량만큼 자란다고 설명했다. 반사회성 성격장애가 있는 어른과 청소년의 뇌파가 비슷하다는 발견에 따라 헤어는 반사회성 성격장애가 있는 어른은 청소년 발달단계에 머물러 있거나 성숙이 지체됐다는 주장을 했다. 그의 가정은 일부 반사회성 성격장애가 있는 어른이 치료받지 않고도 반사회성 성격장애의 특징을 보이는 행동을 그만두는 이유를 설명해준다. 단순히 뇌가 성숙하기 시작한 것이다.

많은 임상의학자는 헤어의 연구를 의미 있게 생각한다. 반사회성 성격장애가 있는 어른과 10대 청소년의 행동이 매우 유사하기 때문이다. 둘 다 후회할 줄 모르고 병적으로 거짓말을 하며, 무책임하고 강도 높은 자극을 원하며, 자기만족을 위한 이기적인 행동을 삼갈 능력이 부족하다.

**펴낸날** 2011년 7월 15일 초판 1쇄
2025년 4월 30일 개정판 1쇄
**지은이** 두에인 L. 도버트(Duane L. Dobbert)
**옮긴이** 이윤혜
**그린이** 김송이
**만들어 펴낸이** 정우진 강진영 김지영
**꾸민이** Moon&Park(dacida@hanmail.net)
**펴낸곳** (04091) 서울 마포구 토정로 222 한국출판콘텐츠센터 420호 도서출판 황소걸음
**편집부** (02) 3272-8863
**영업부** (02) 3272-8865
**팩　스** (02) 717-7725
**이메일** bullsbook@hanmail.net / bullsbook@naver.com
**등　록** 제22-243호(2000년 9월 18일)
**ISBN** 979-11-86821-98-5  03180

**황소걸음**
Slow&Steady

• 정성을 다해 만든 책입니다. 읽고 주위에 권해주시길…
• 잘못된 책은 바꿔드립니다. 값은 뒤표지에 있습니다.